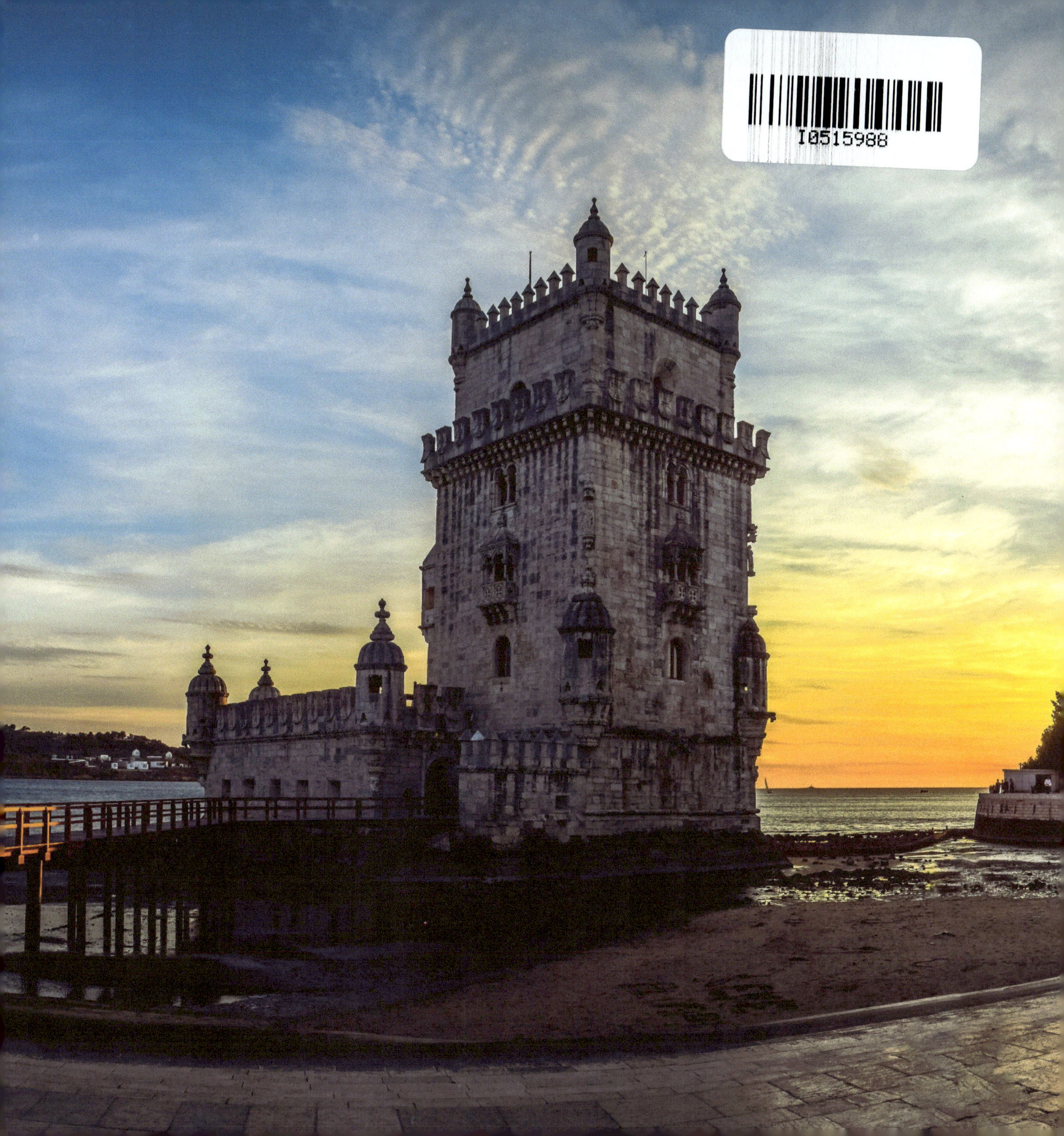

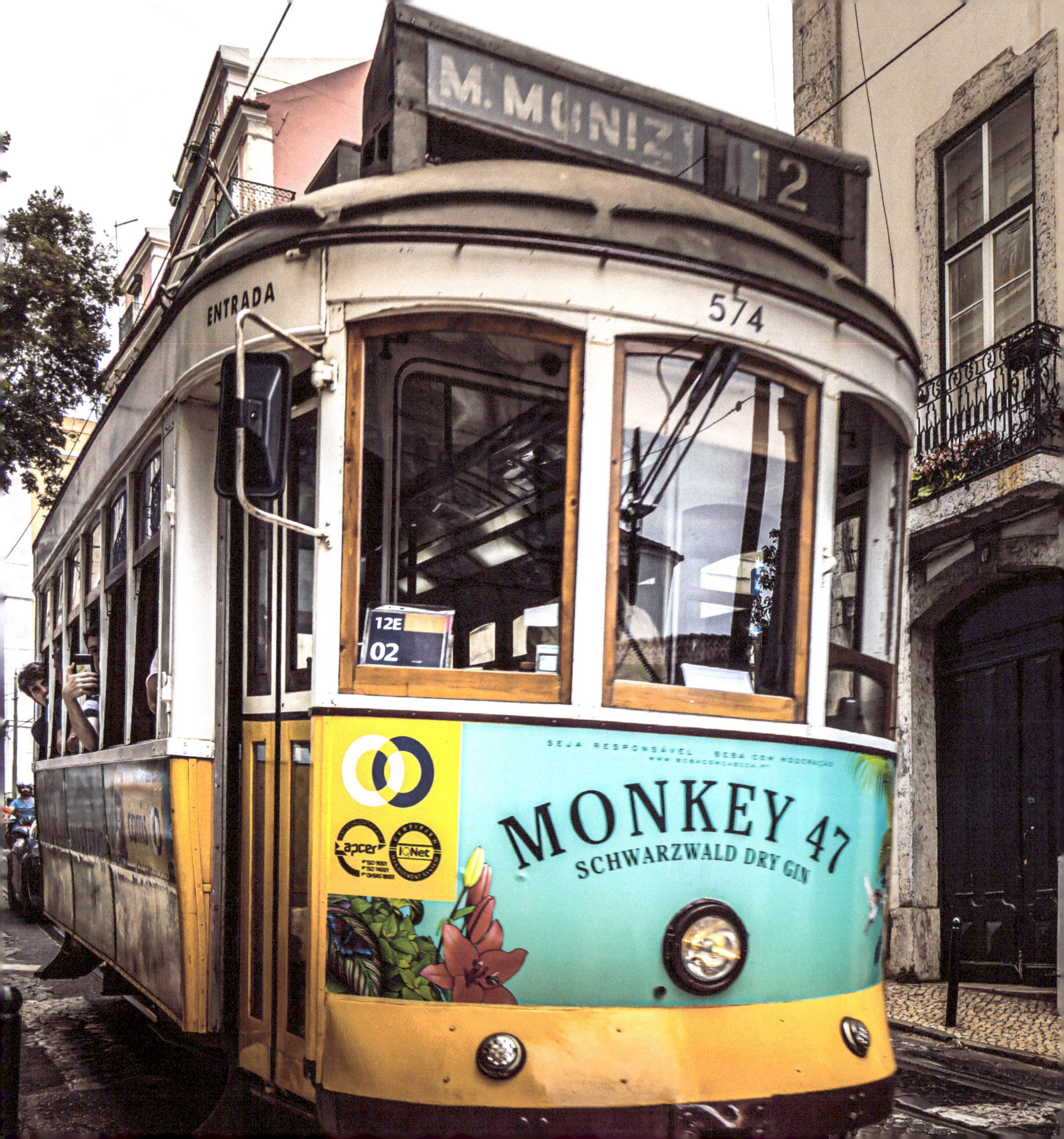
M. MONIZ
12
ENTRADA
574
12E
02
MONKEY 47
SCHWARZWALD DRY GIN

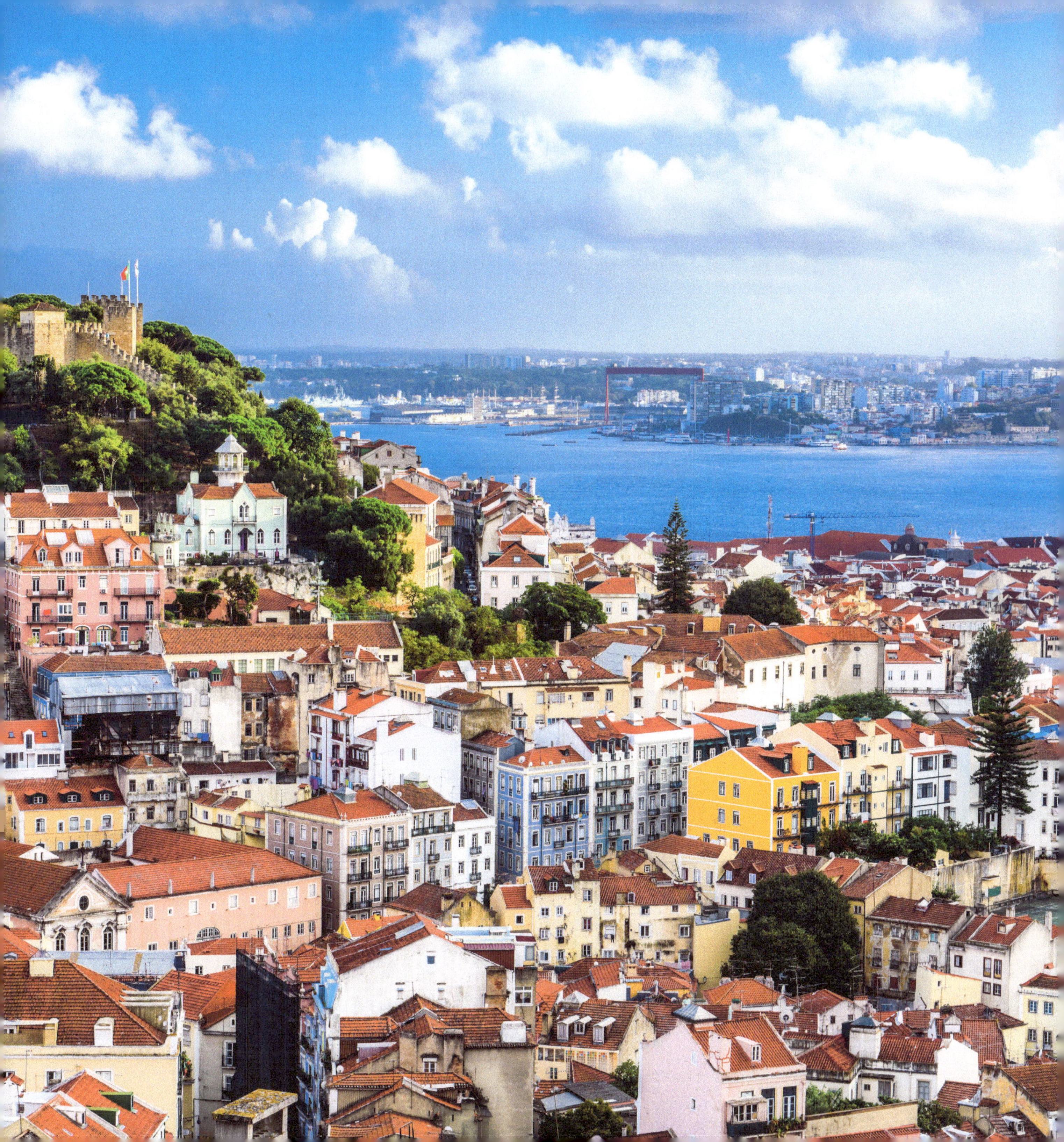

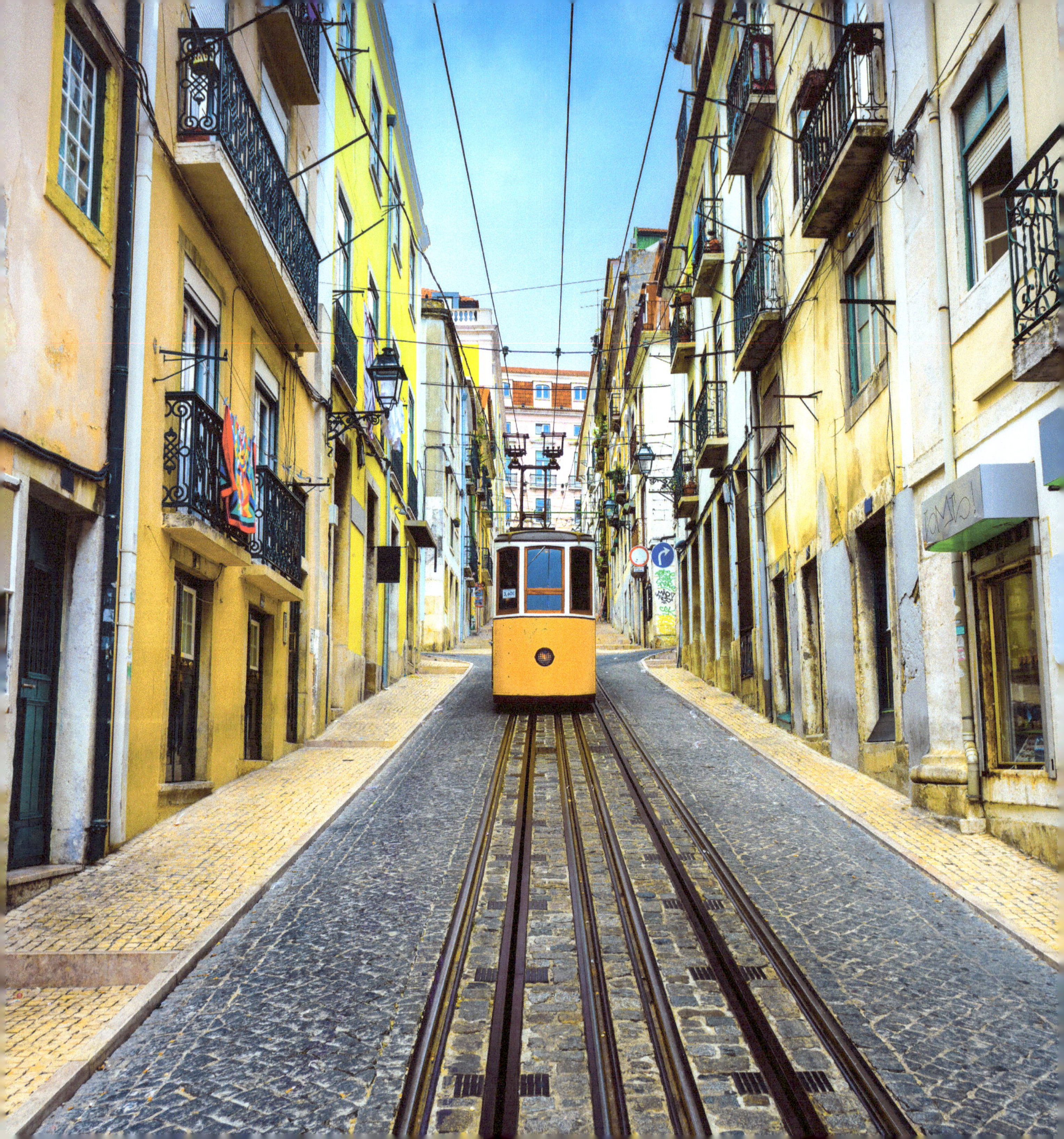

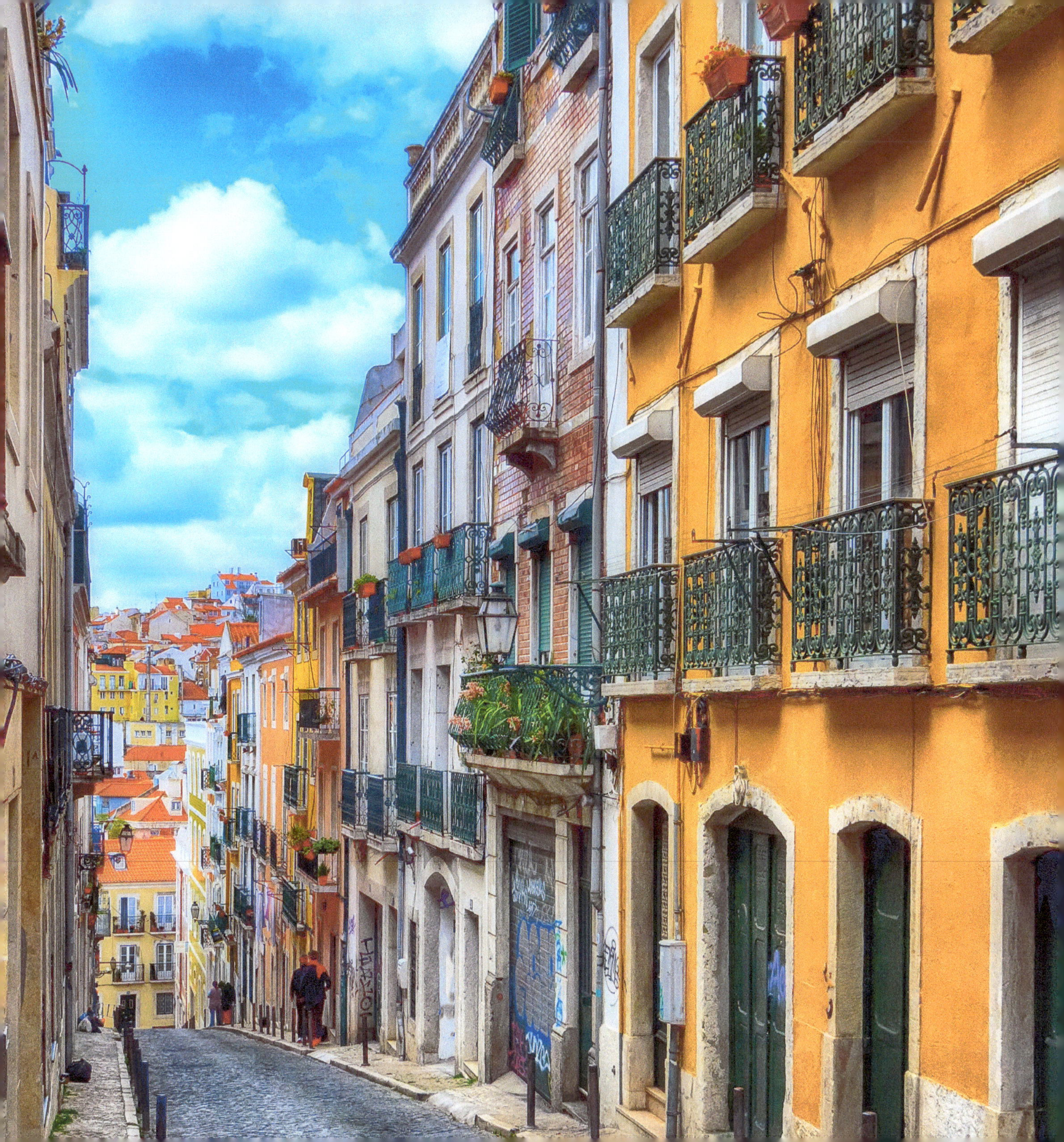

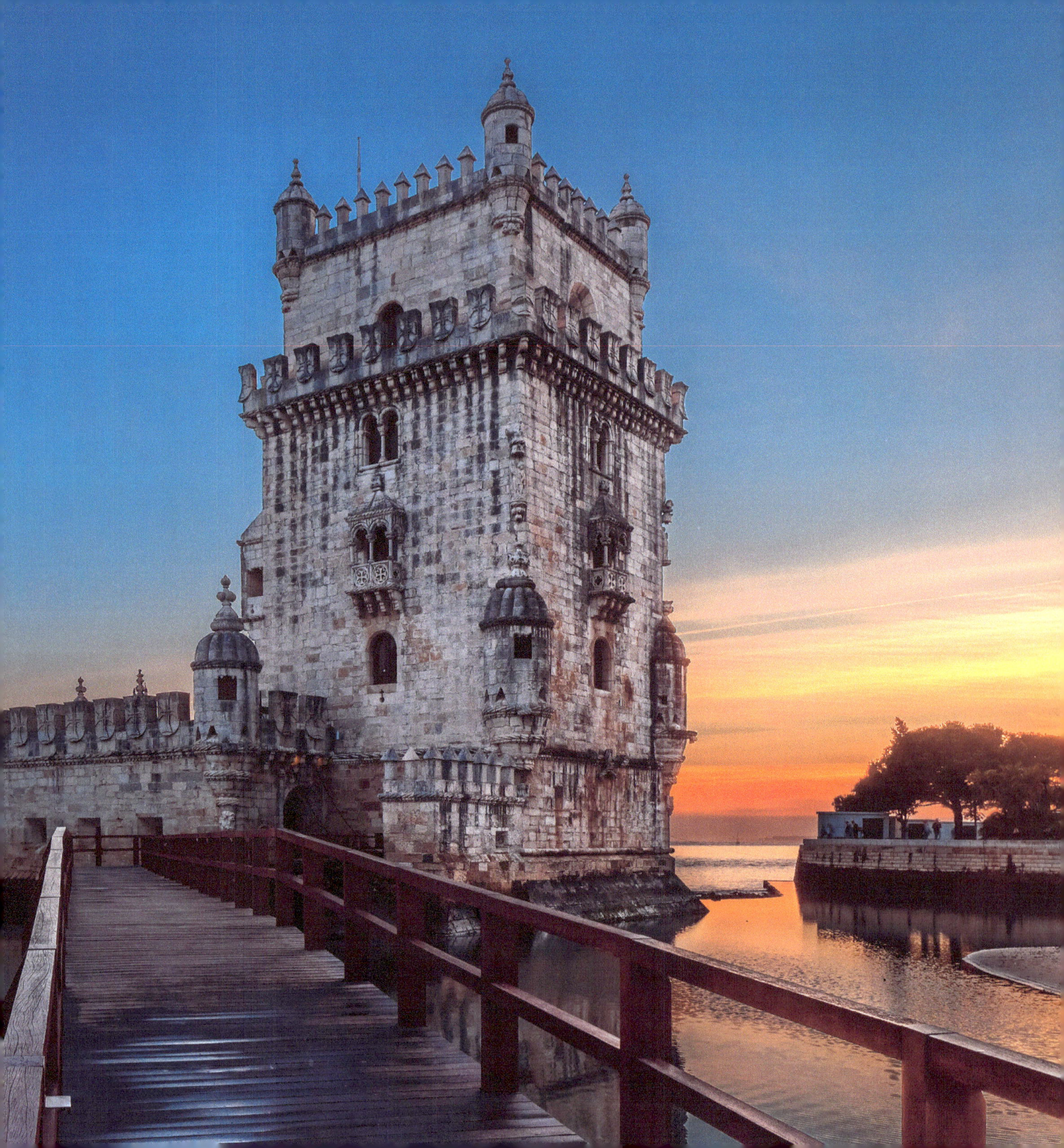

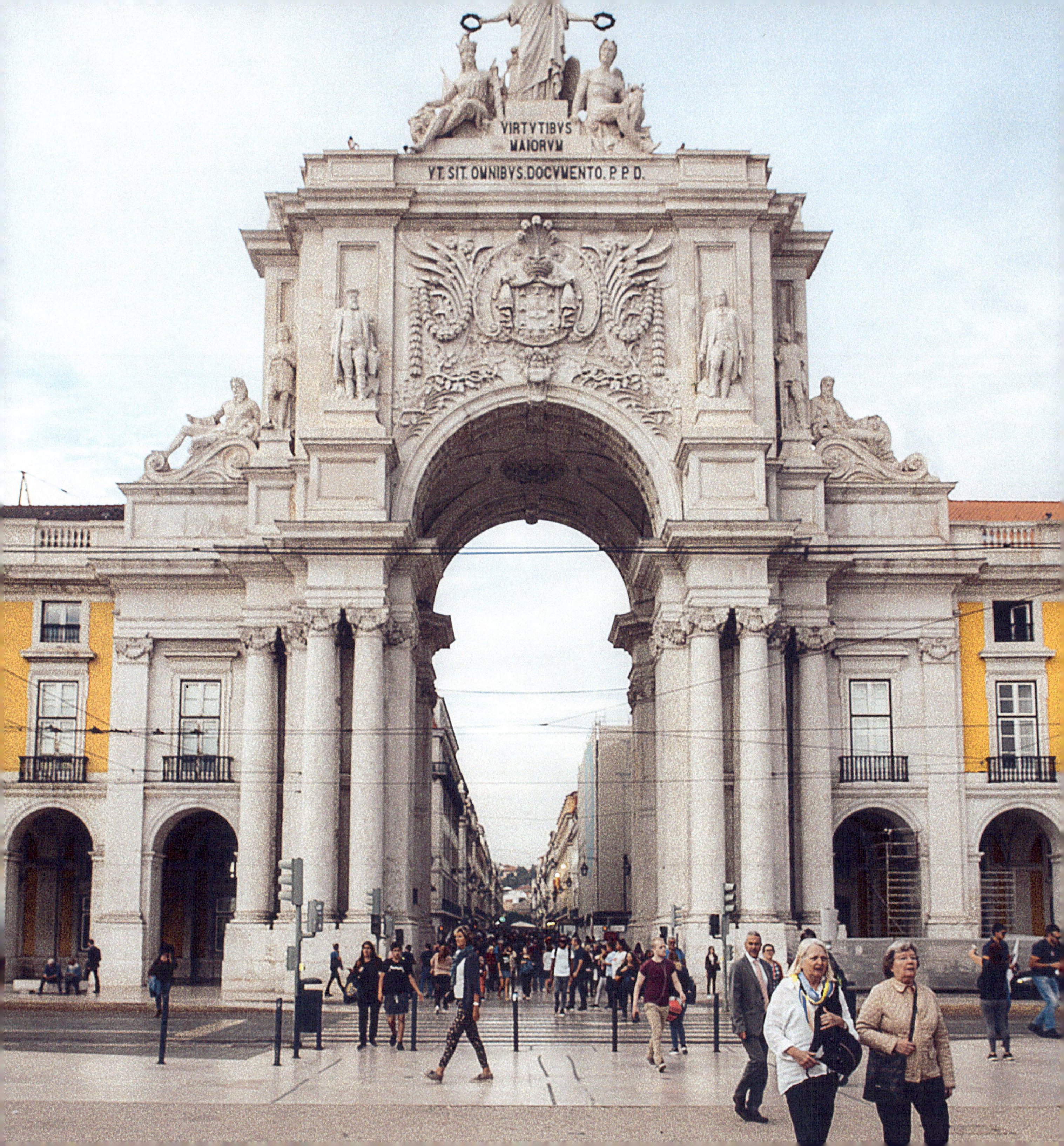
VIRTVTIBVS
MAIORVM
VT SIT OMNIBVS DOCVMENTO. P.P.D.

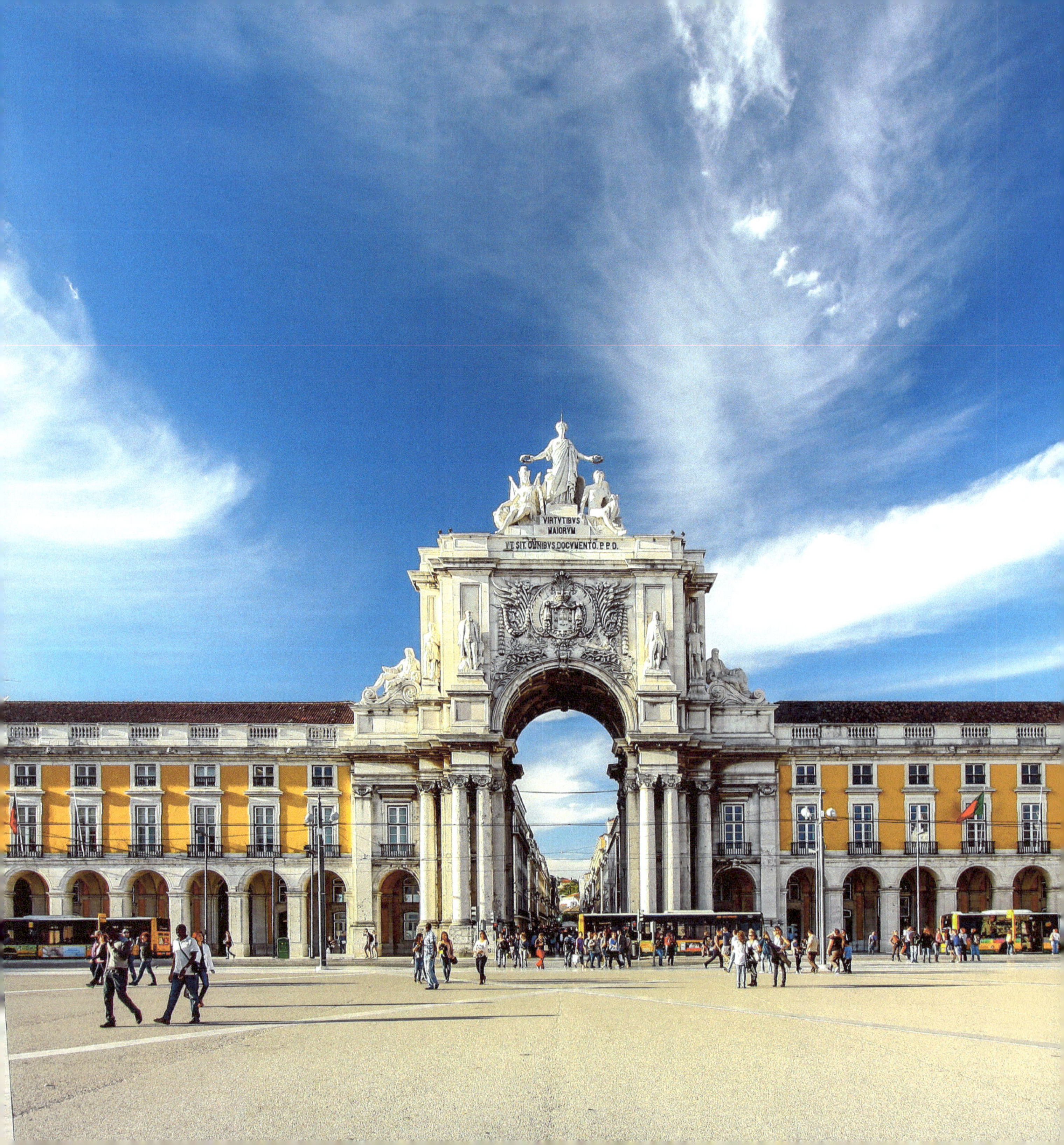
VIRTVTIBVS
MAIORVM
VT. SIT. OMNIBVS. DOCVMENTO. P. P. D.

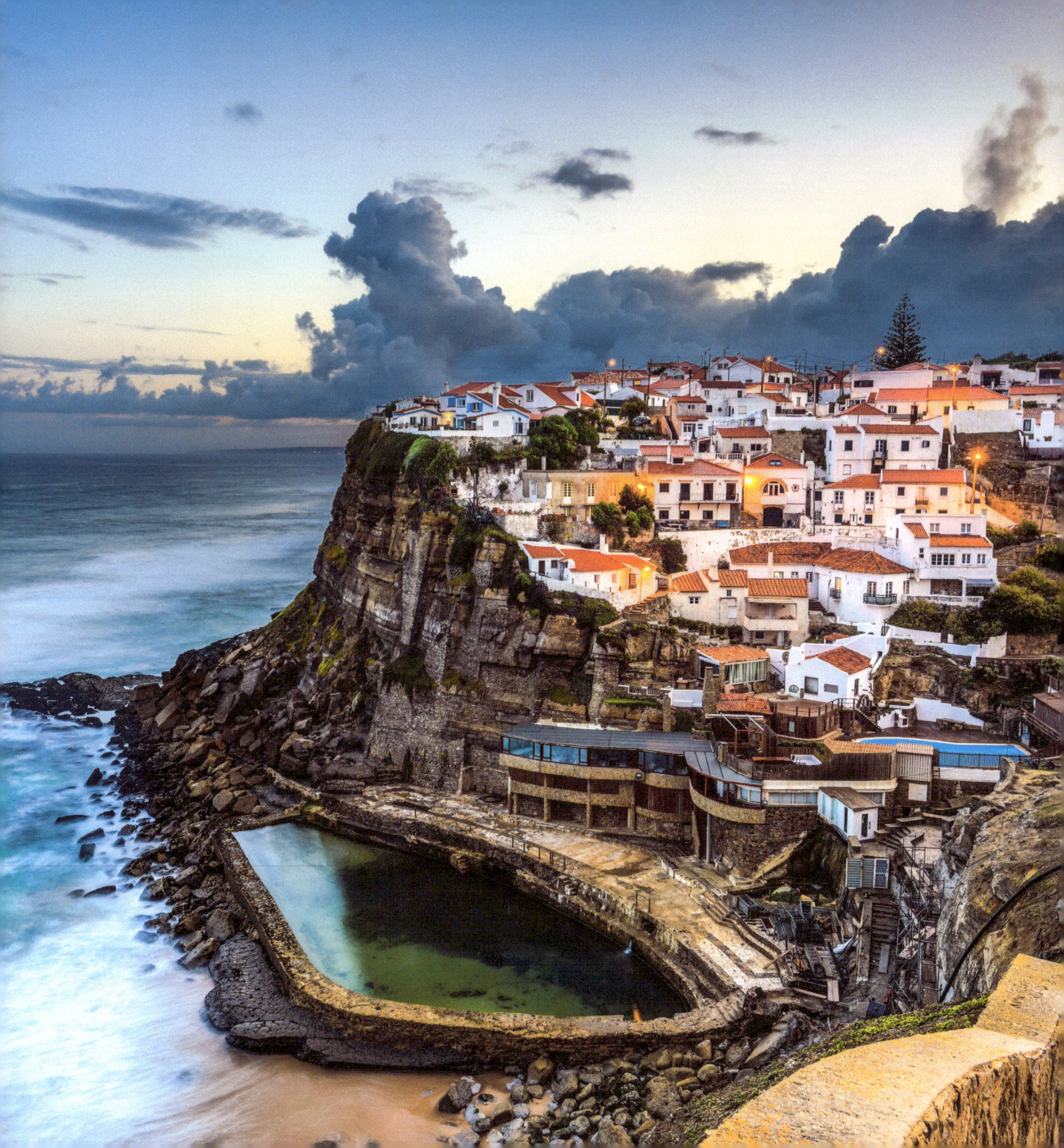

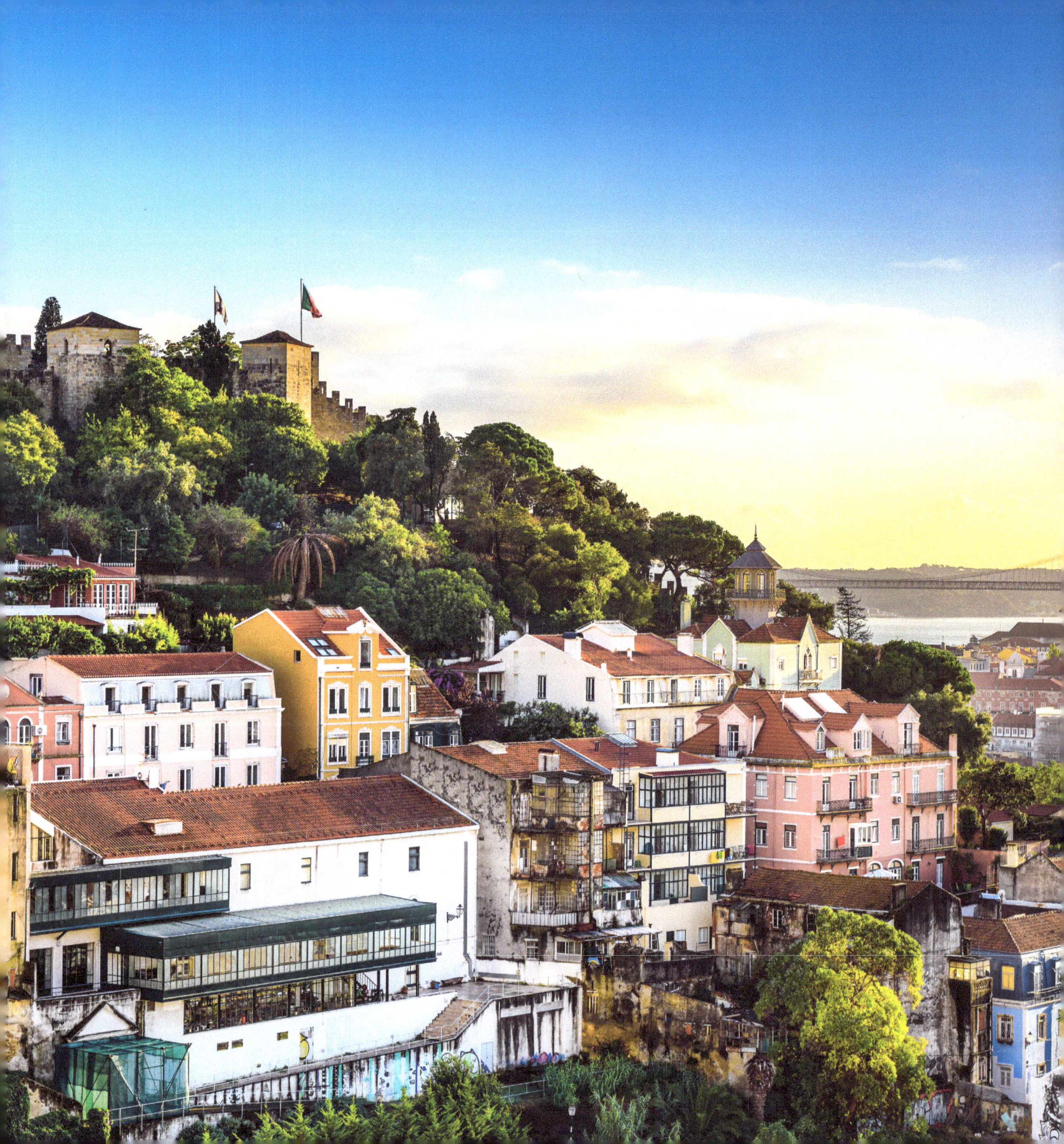

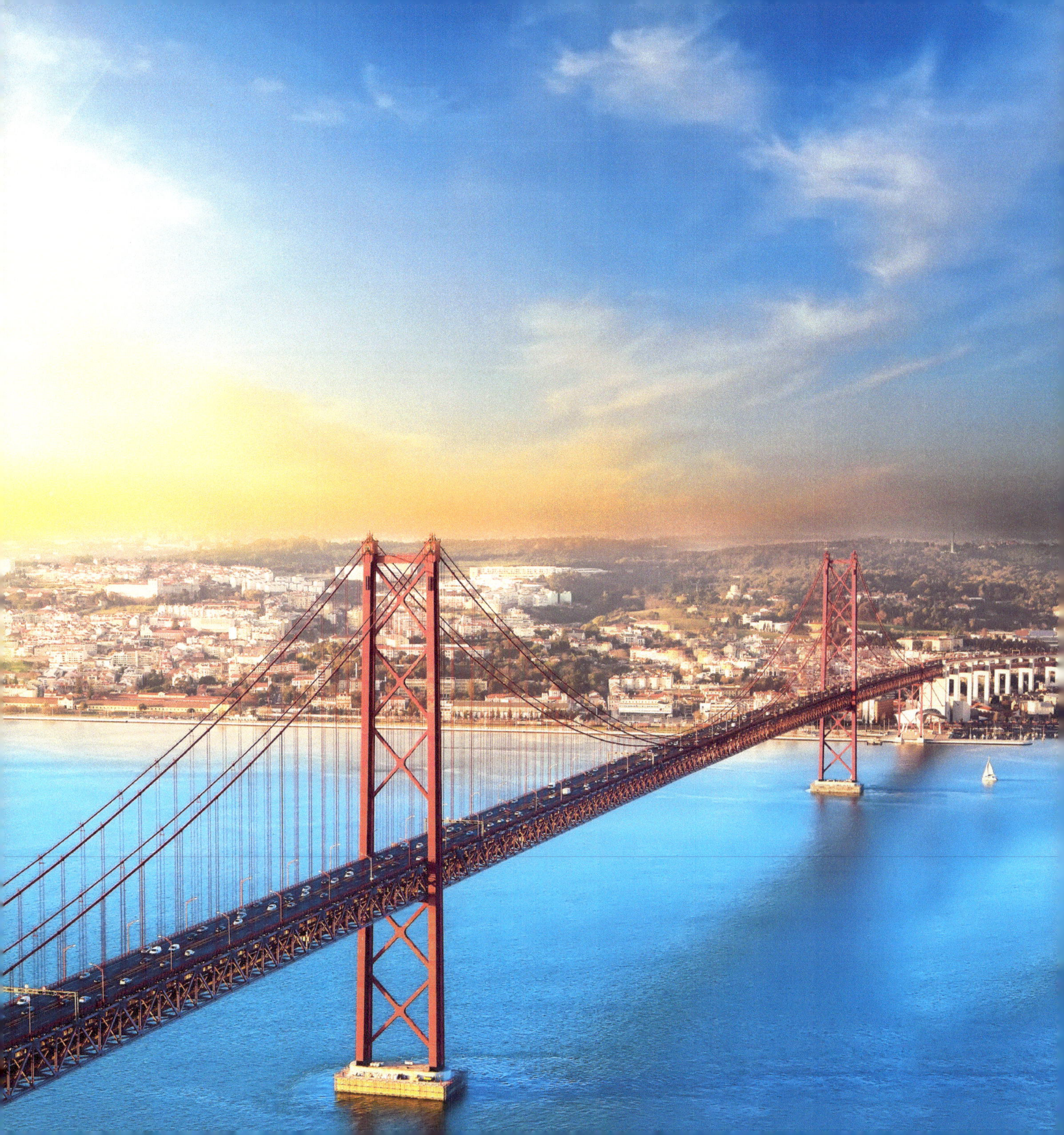

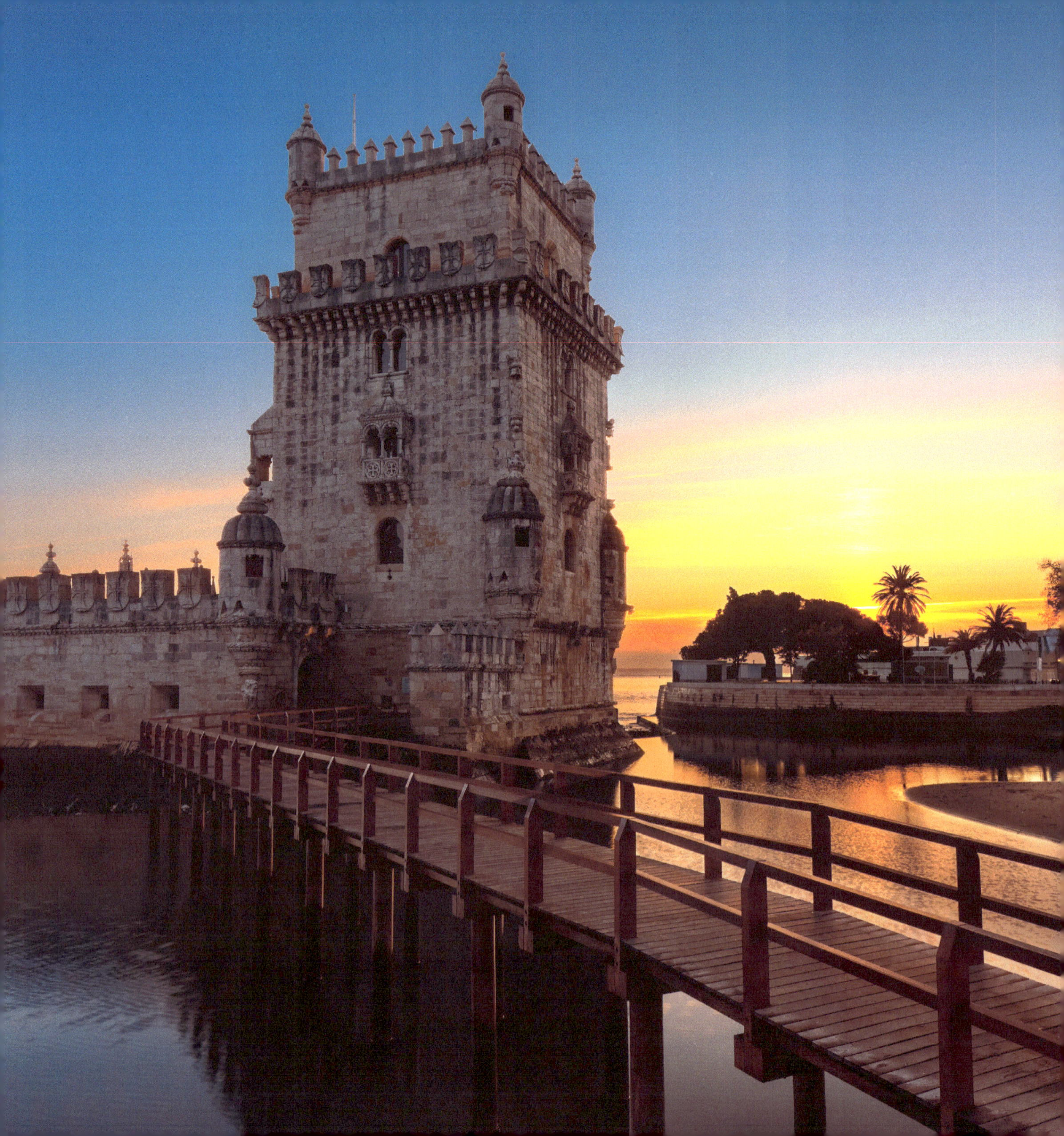

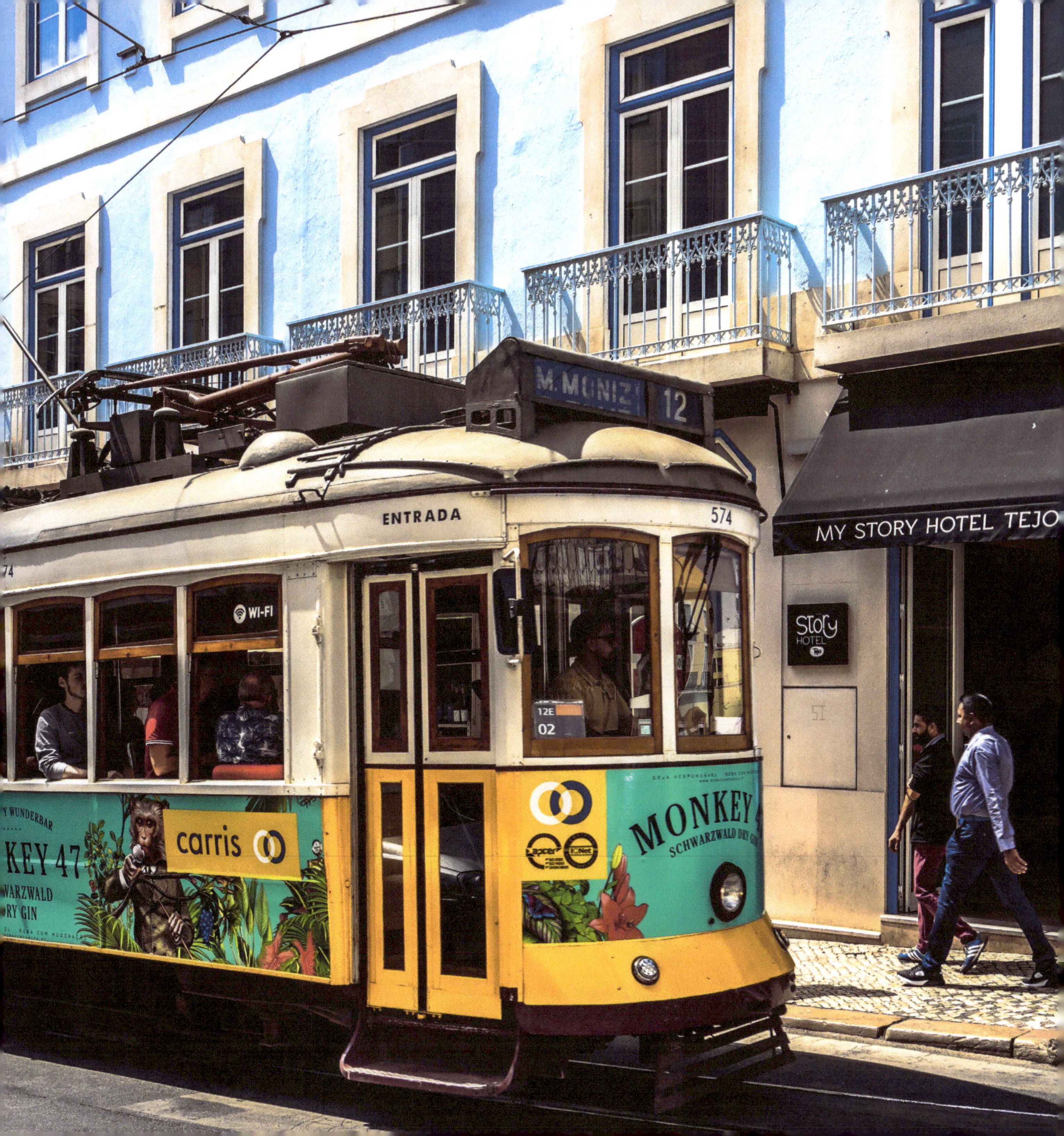
M. MONIZ
12
ENTRADA
574
WI-FI
12E
02
carris
MONKEY 4
SCHWARZWALD DRY GIN
KEY 47
WARZWALD
RY GIN
MY STORY HOTEL TEJO
Story
HOTEL

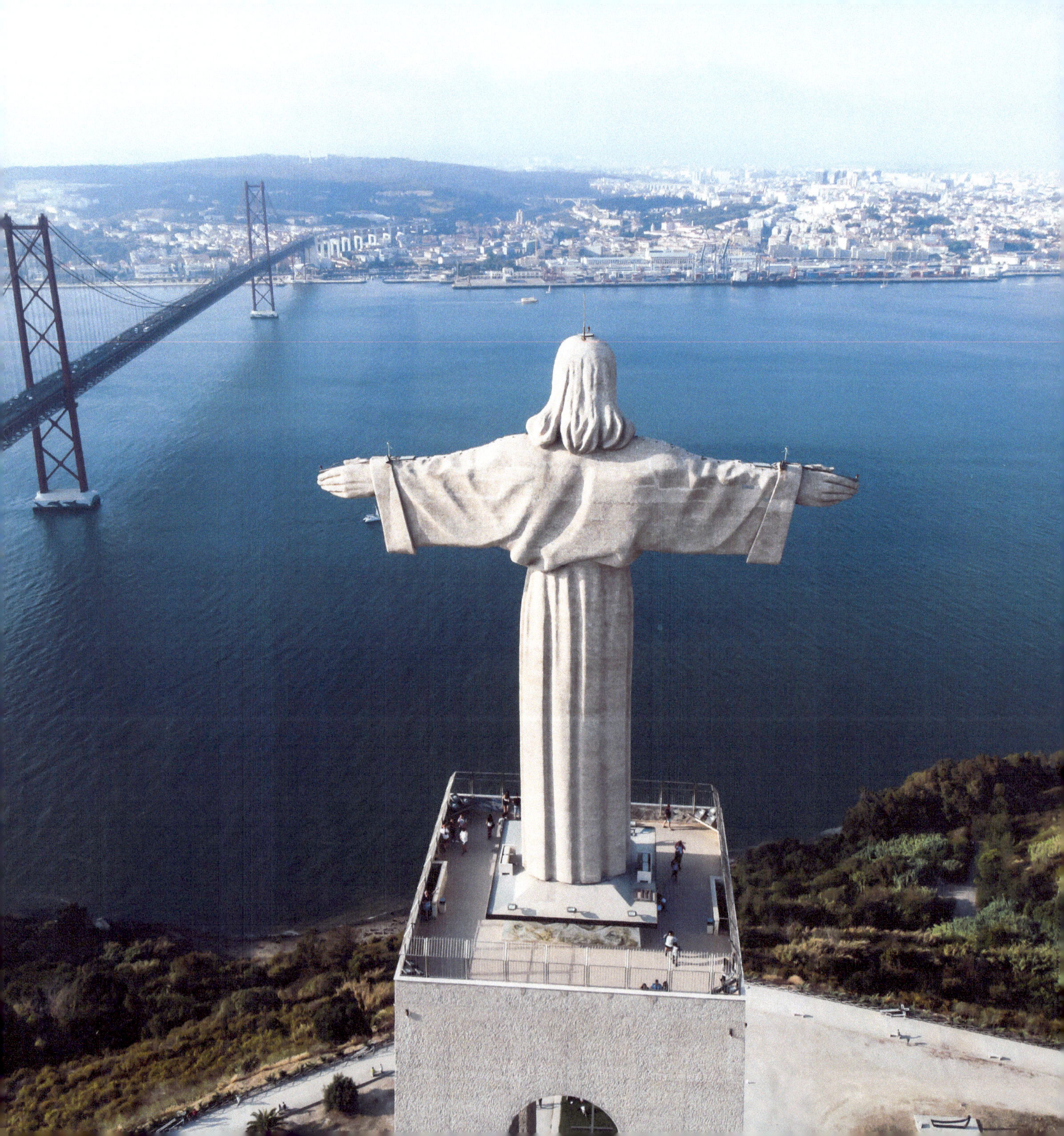

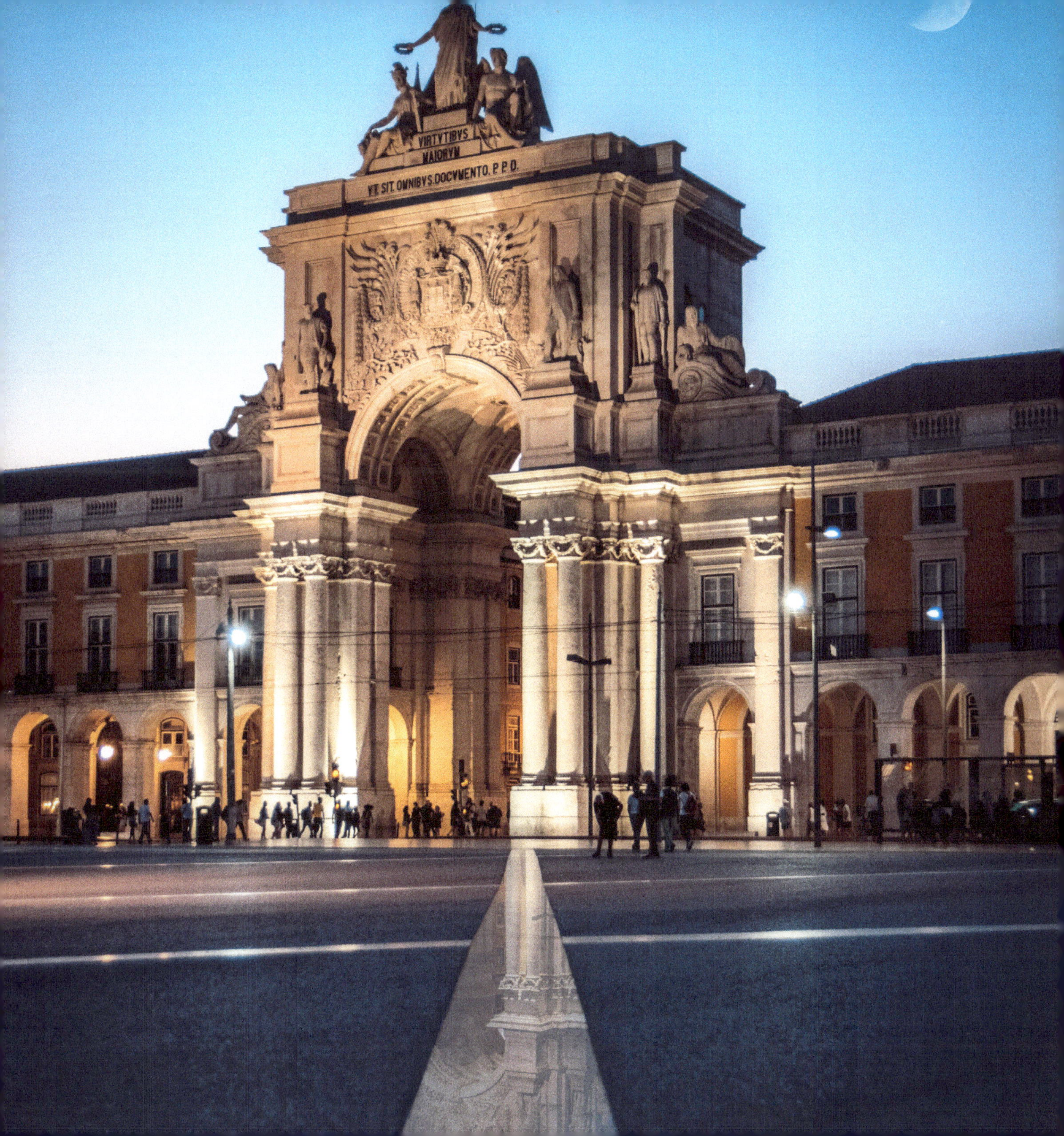
VIRTVTIBVS
MAIORVM
VT SIT OMNIBVS DOCVMENTO. P.P.D.

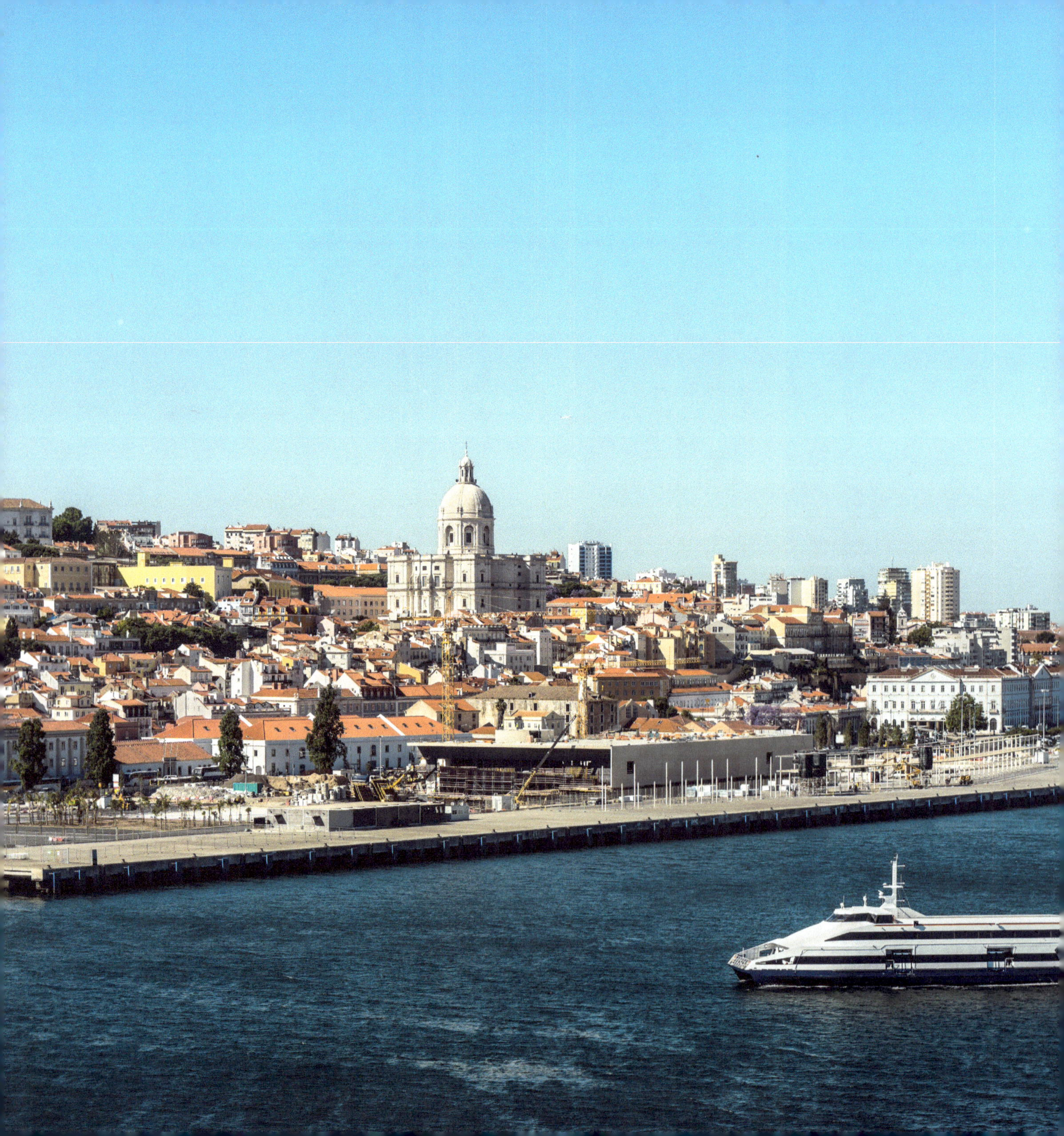

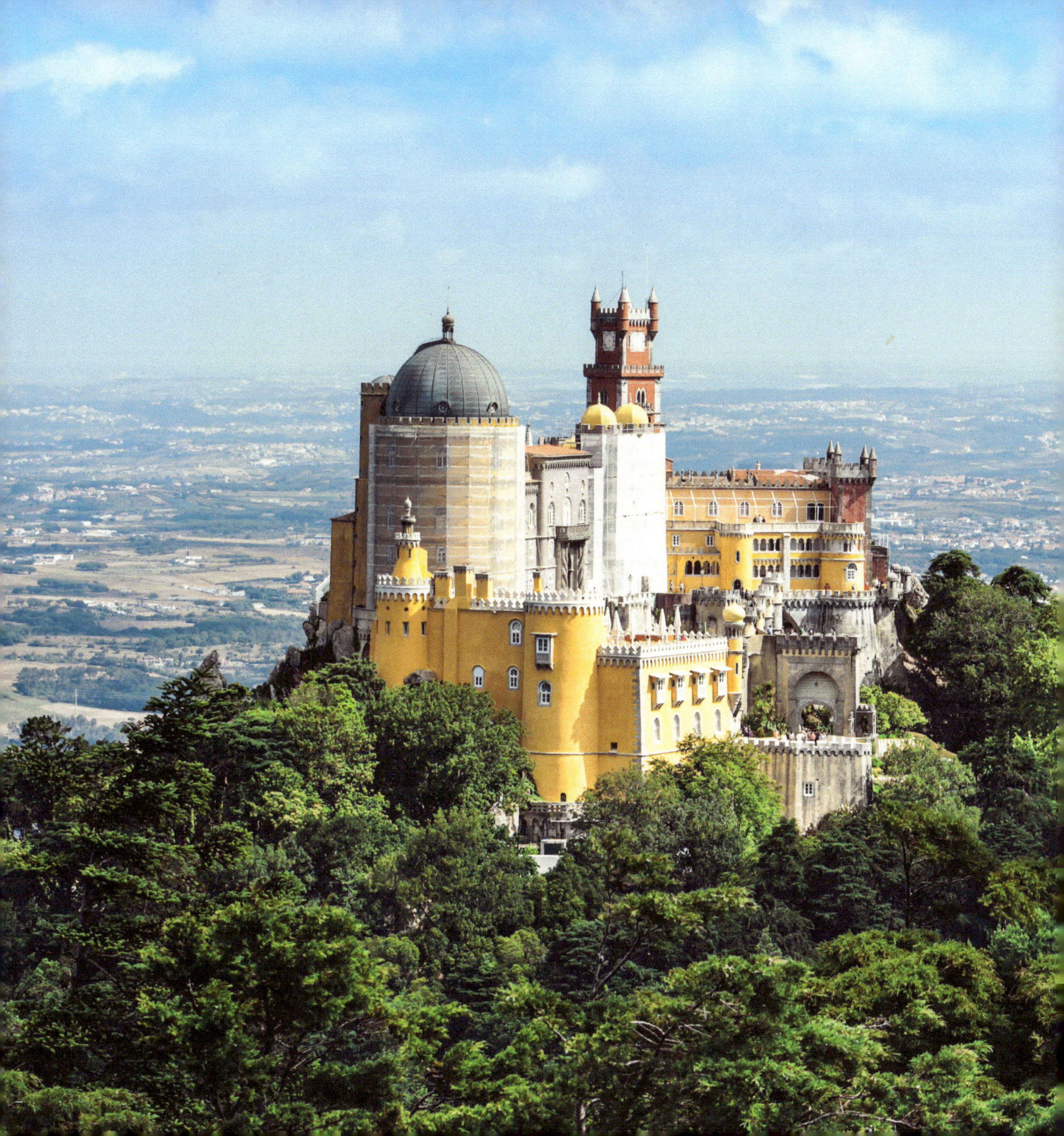

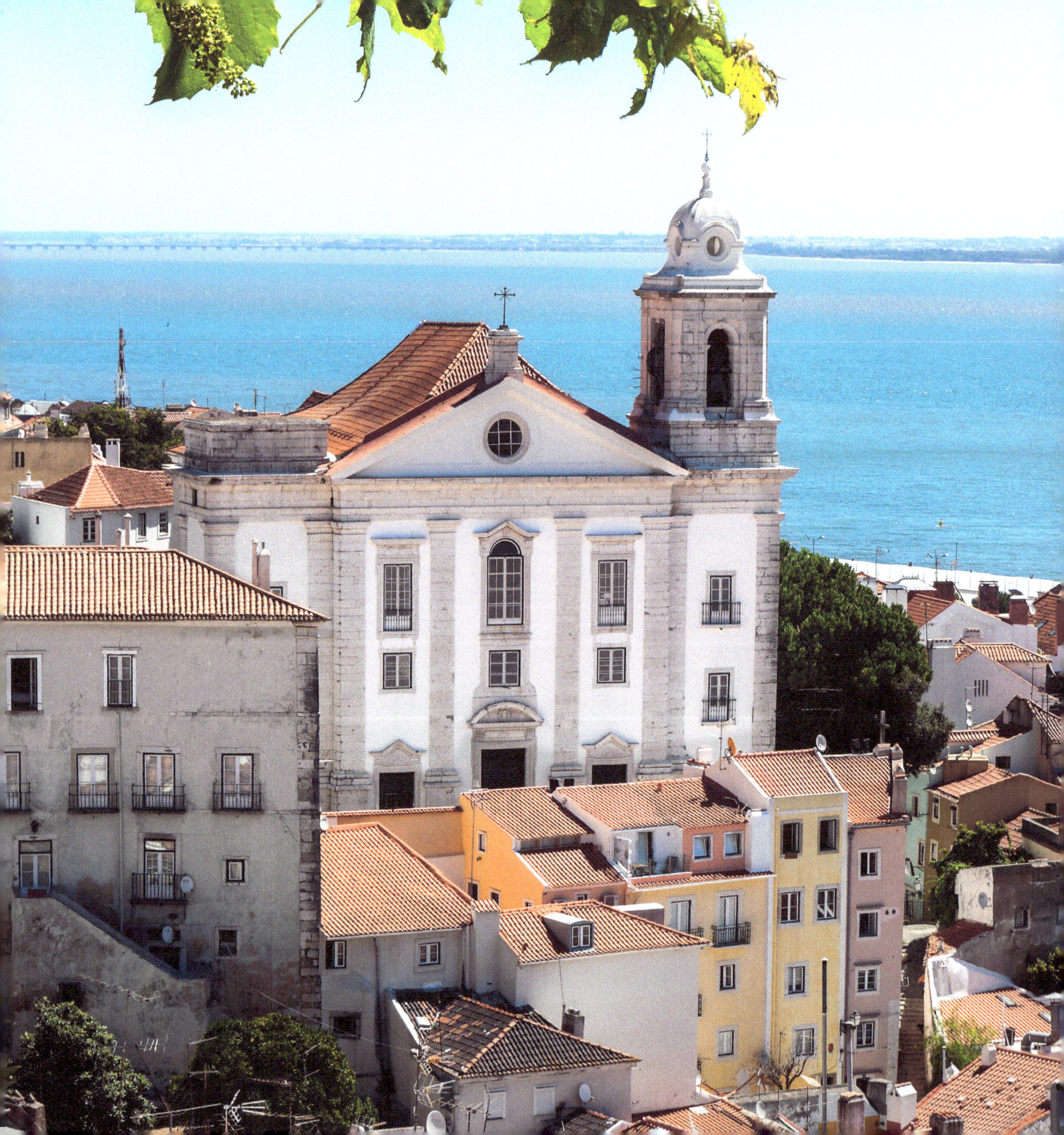

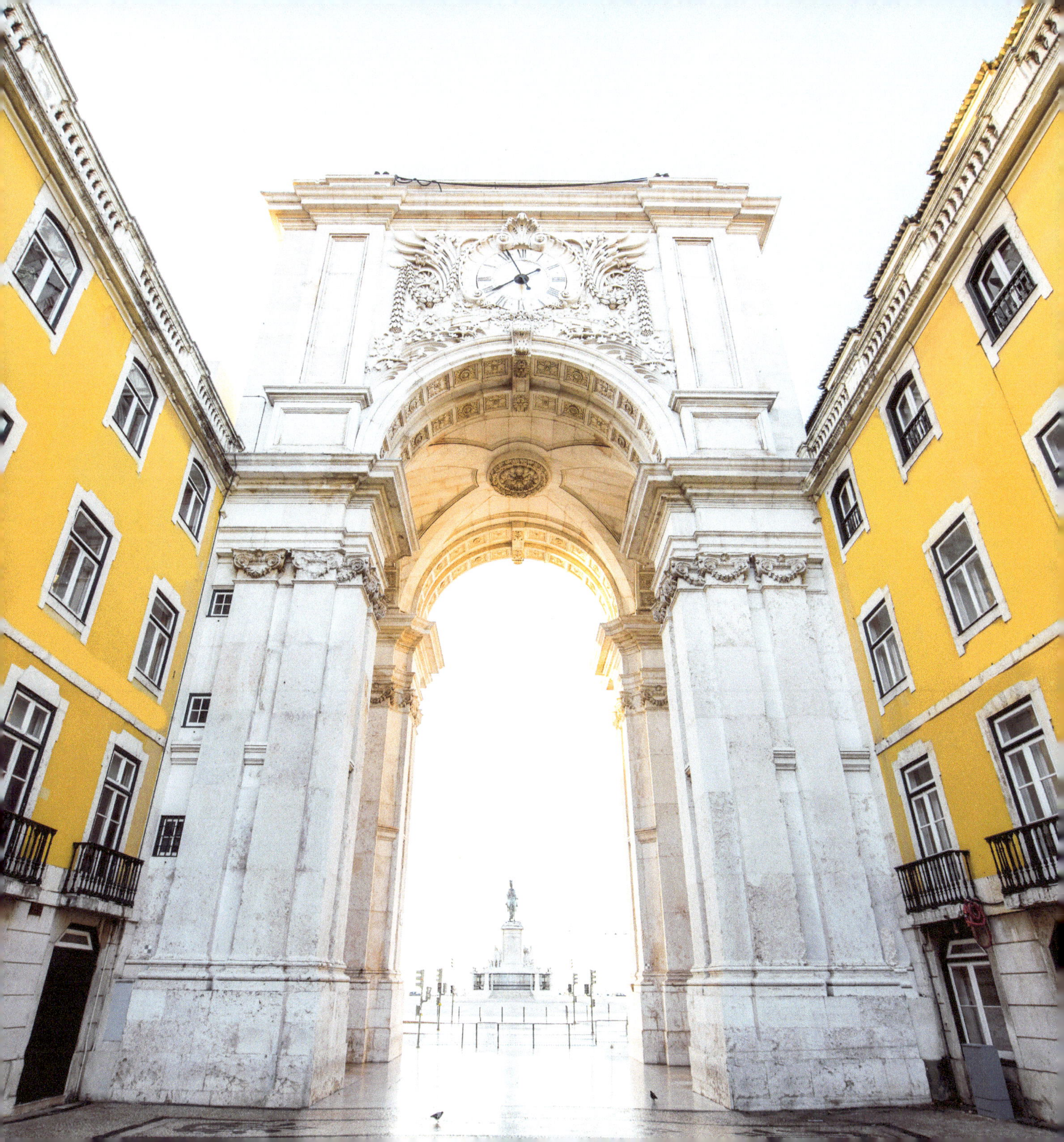

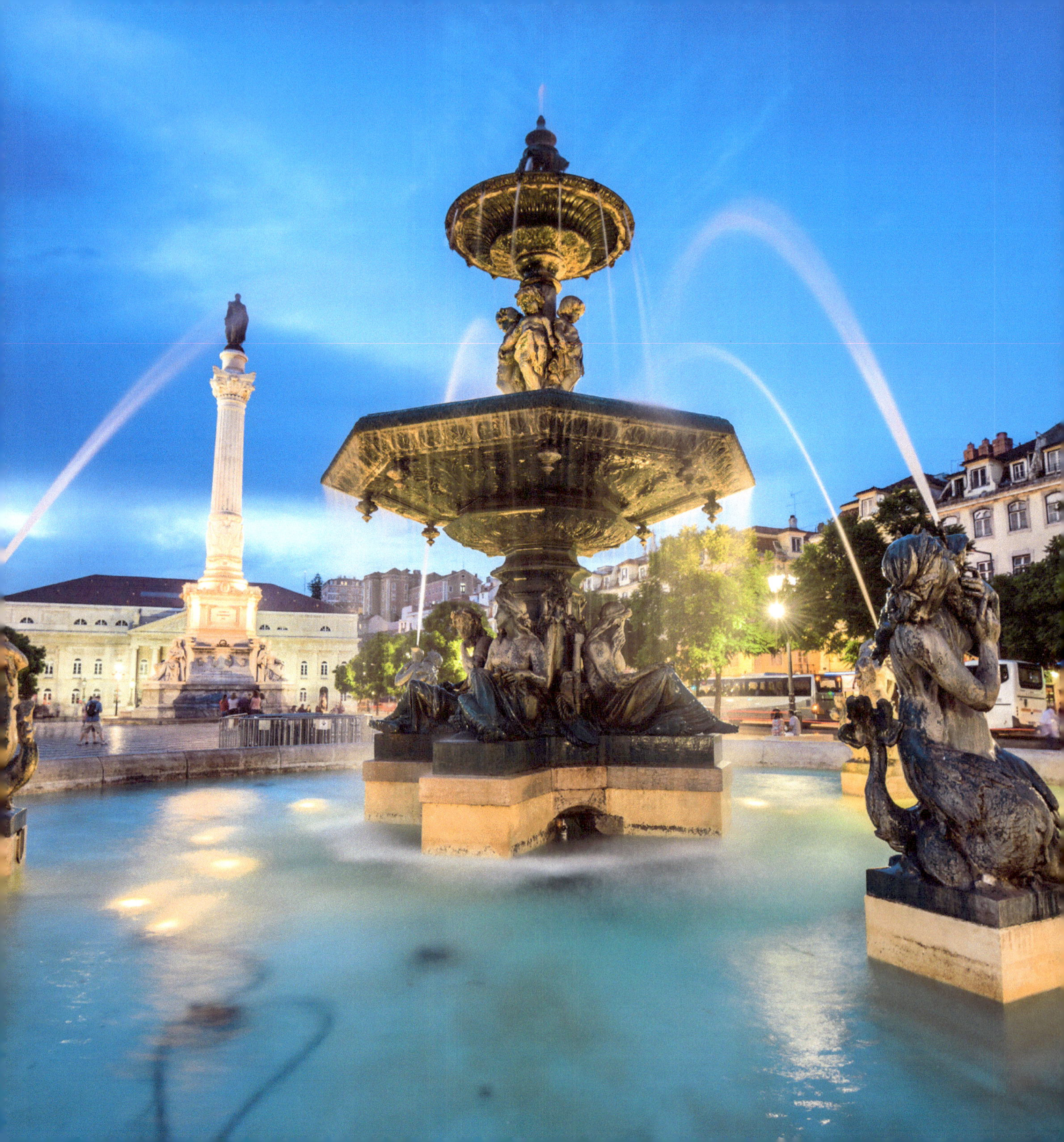

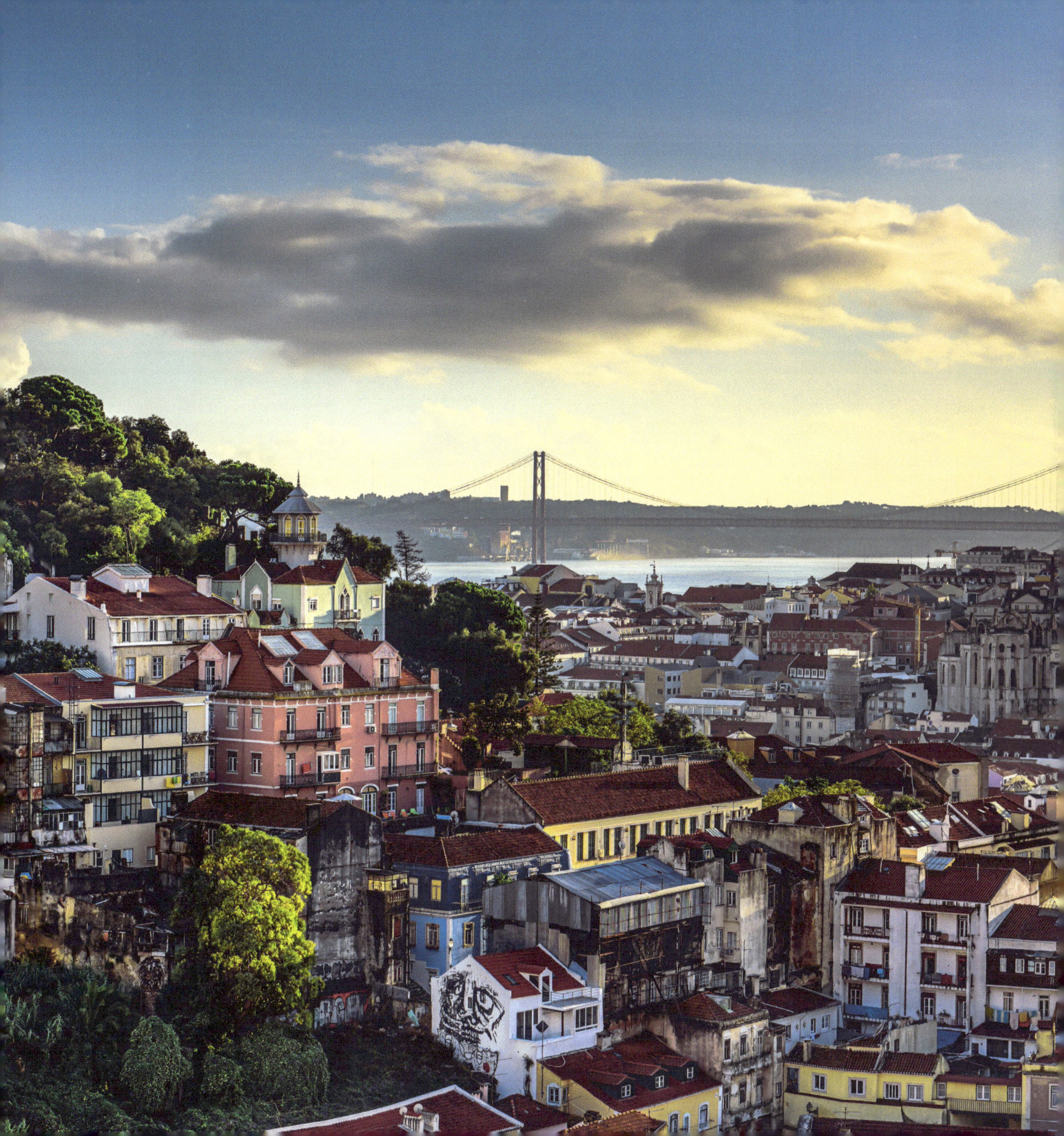

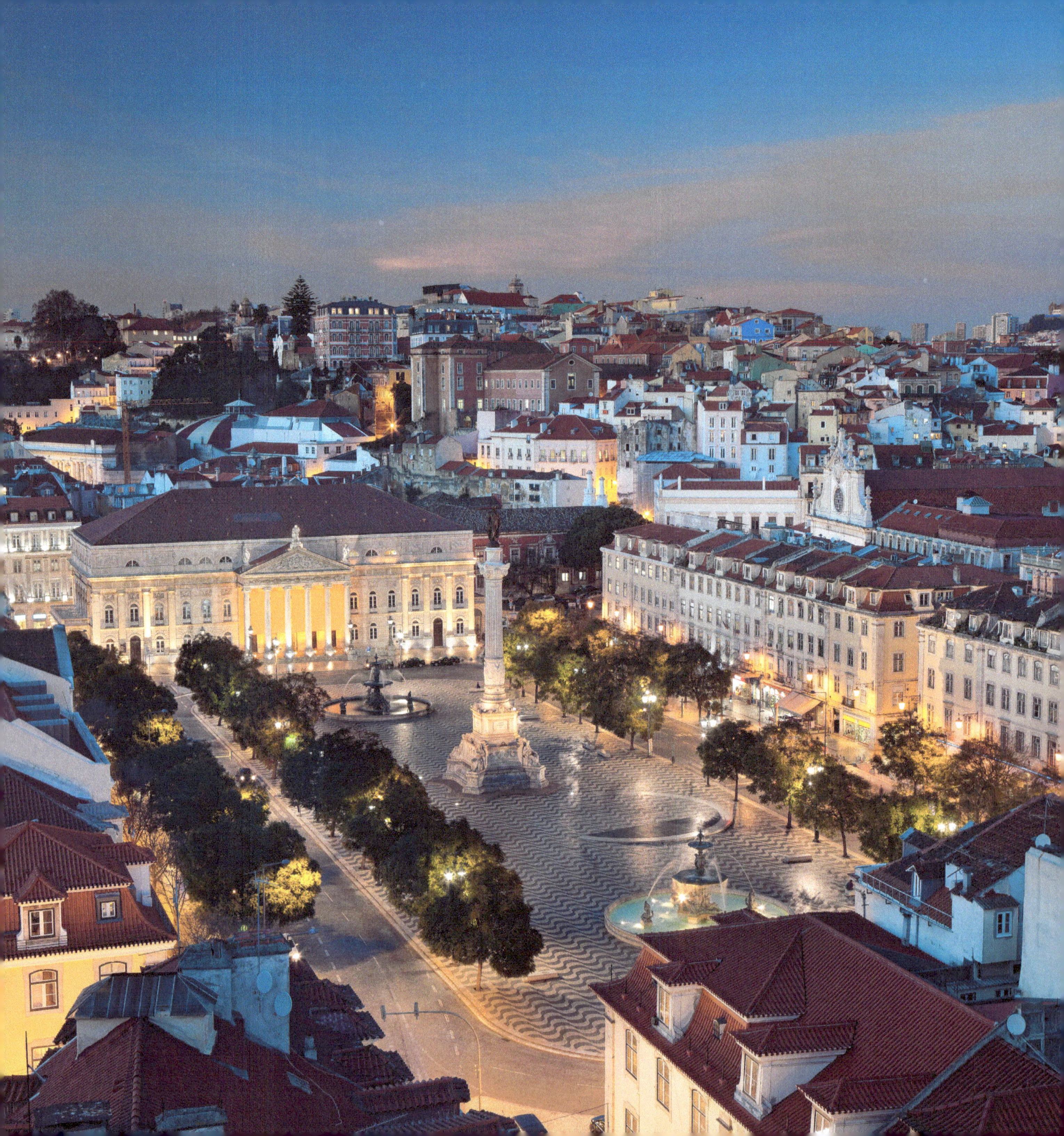

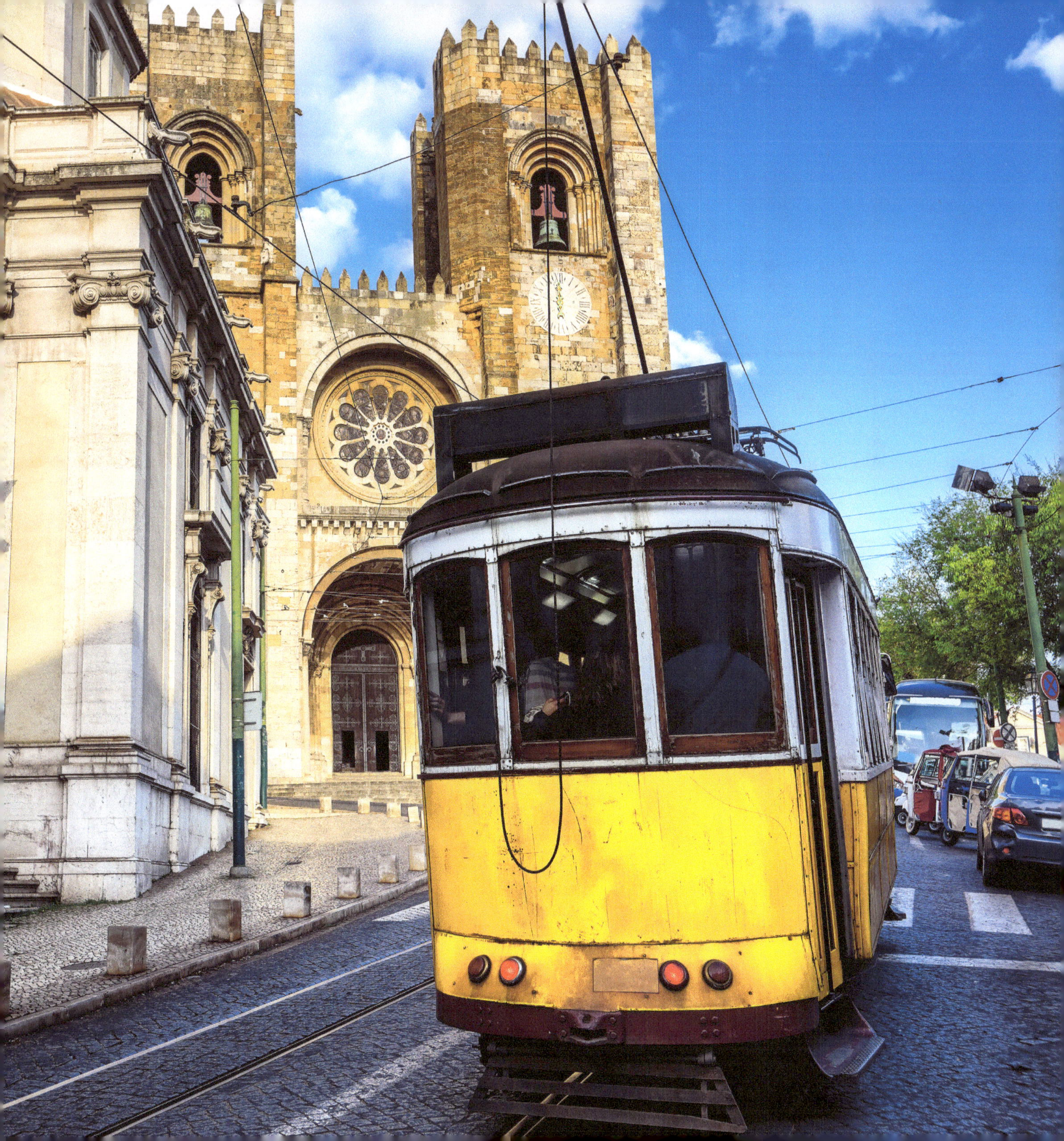

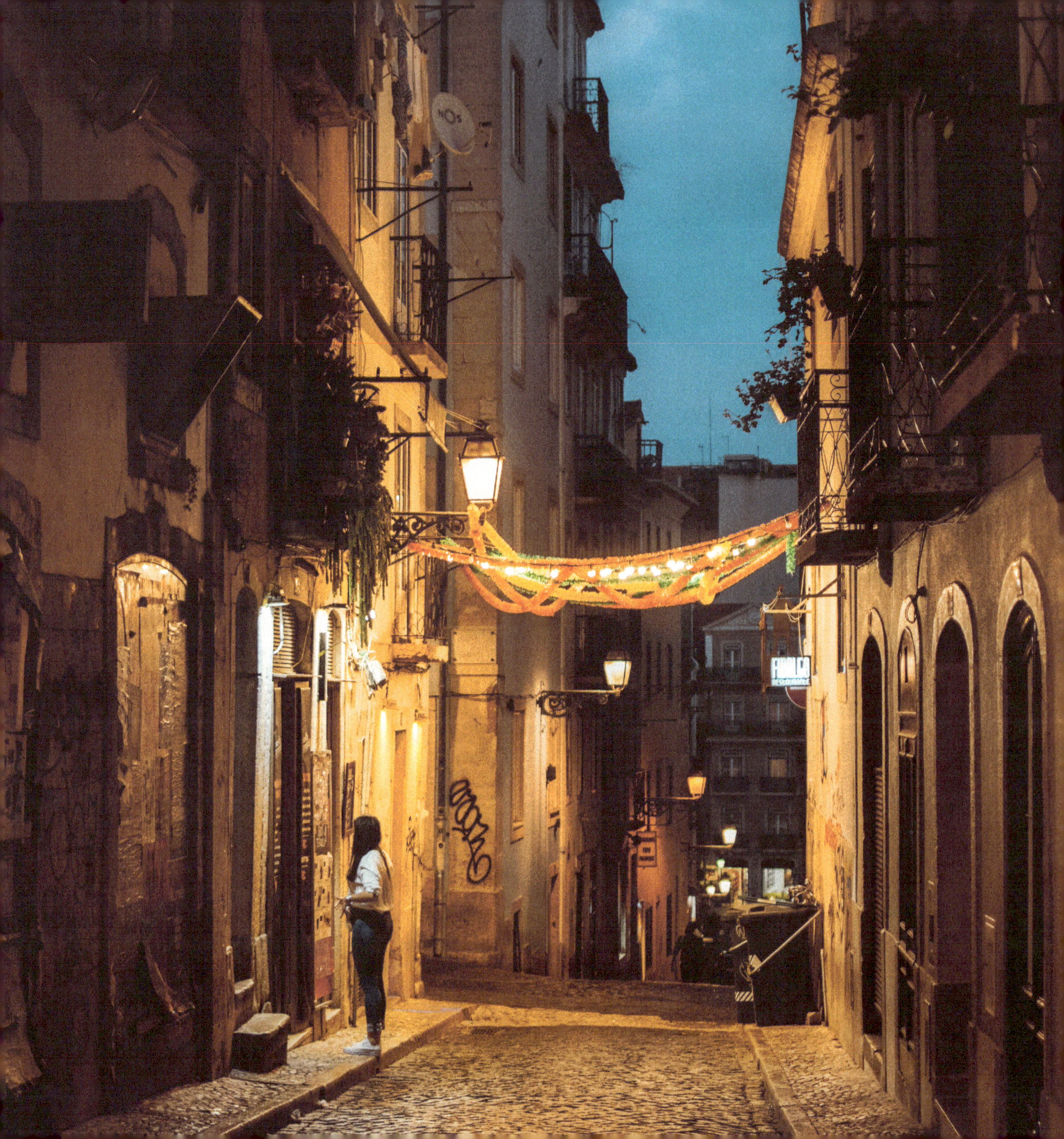

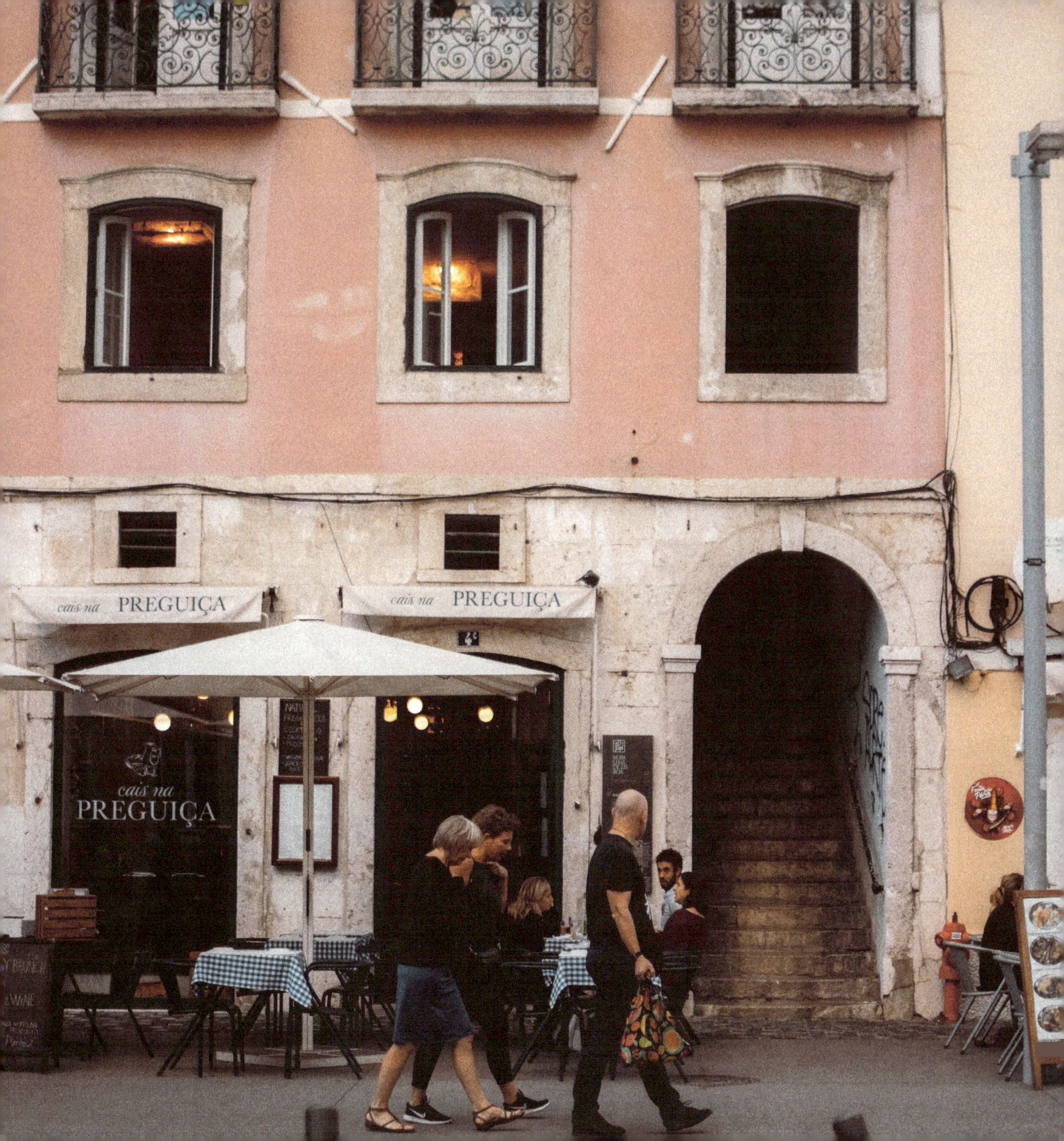
cais na PREGUIÇA
cais na PREGUIÇA
cais na
PREGUIÇA

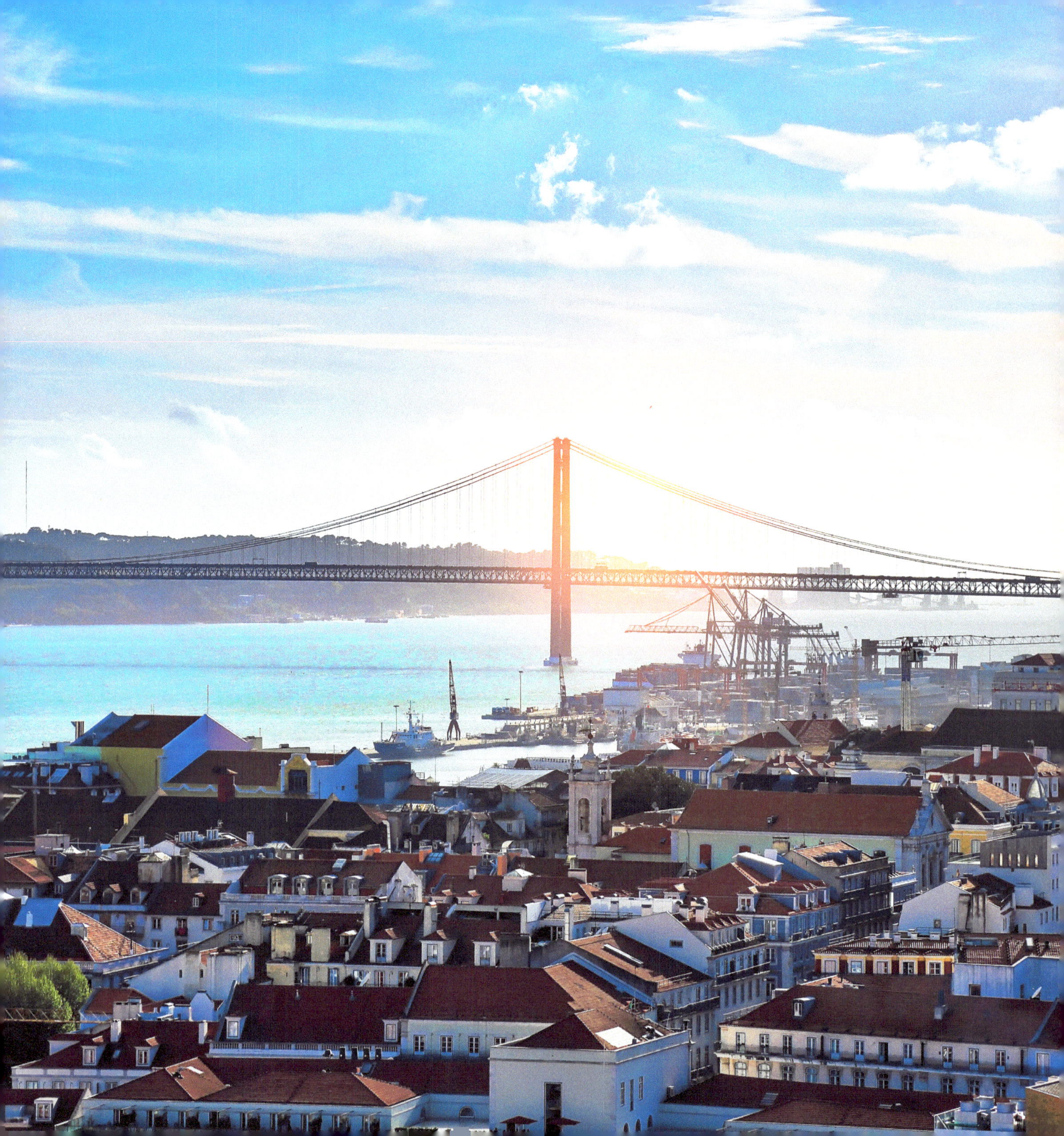

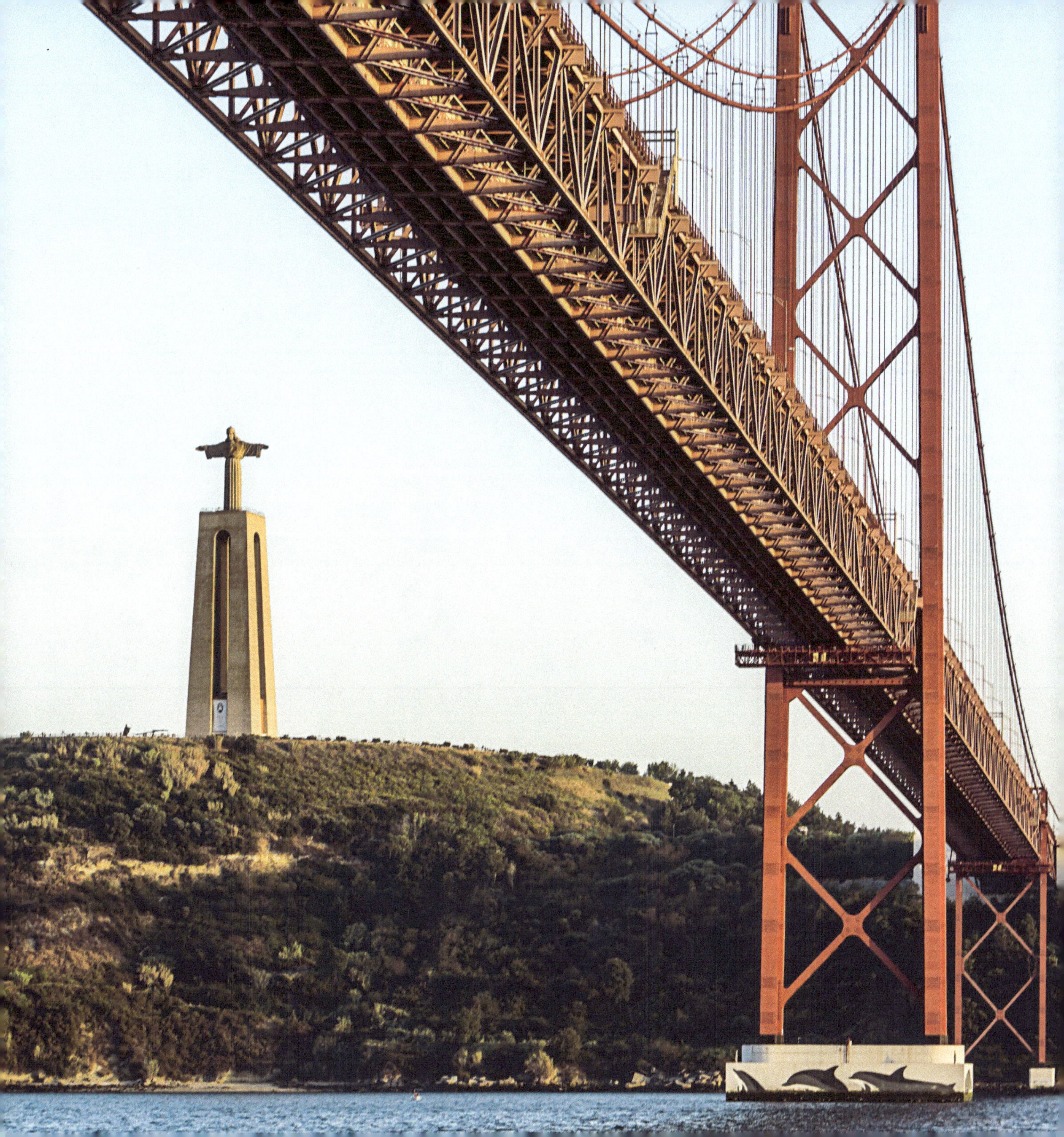

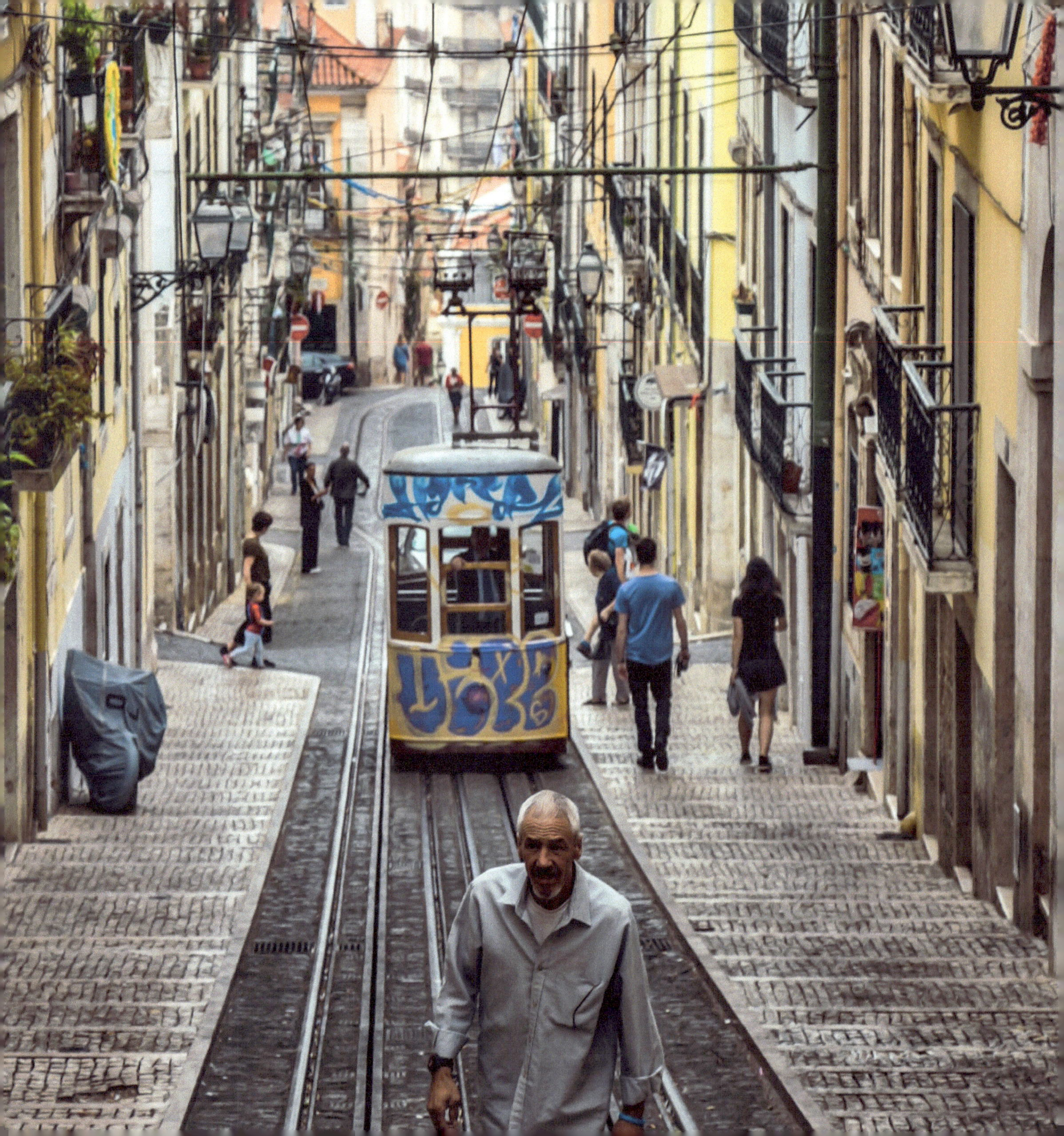

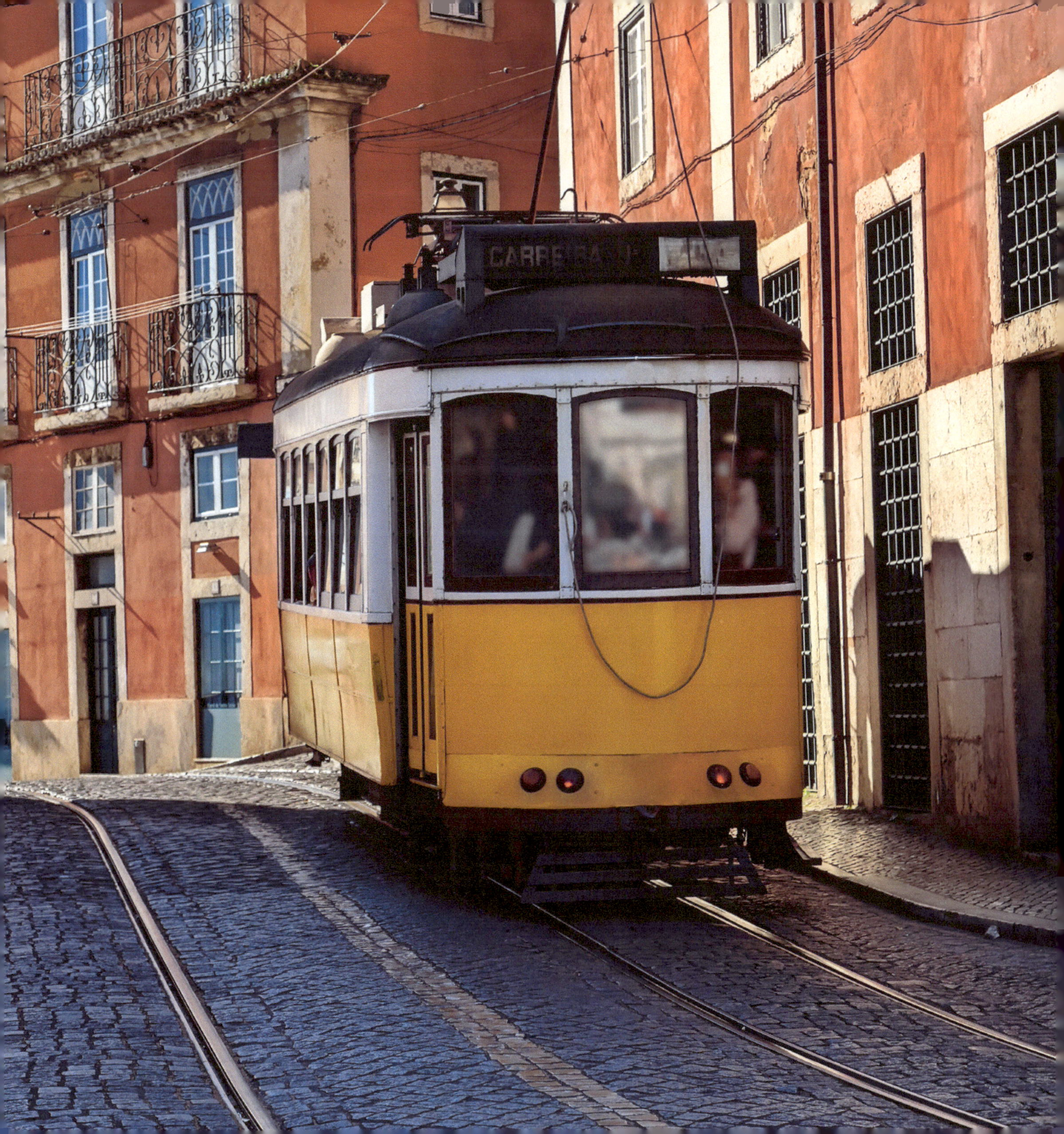

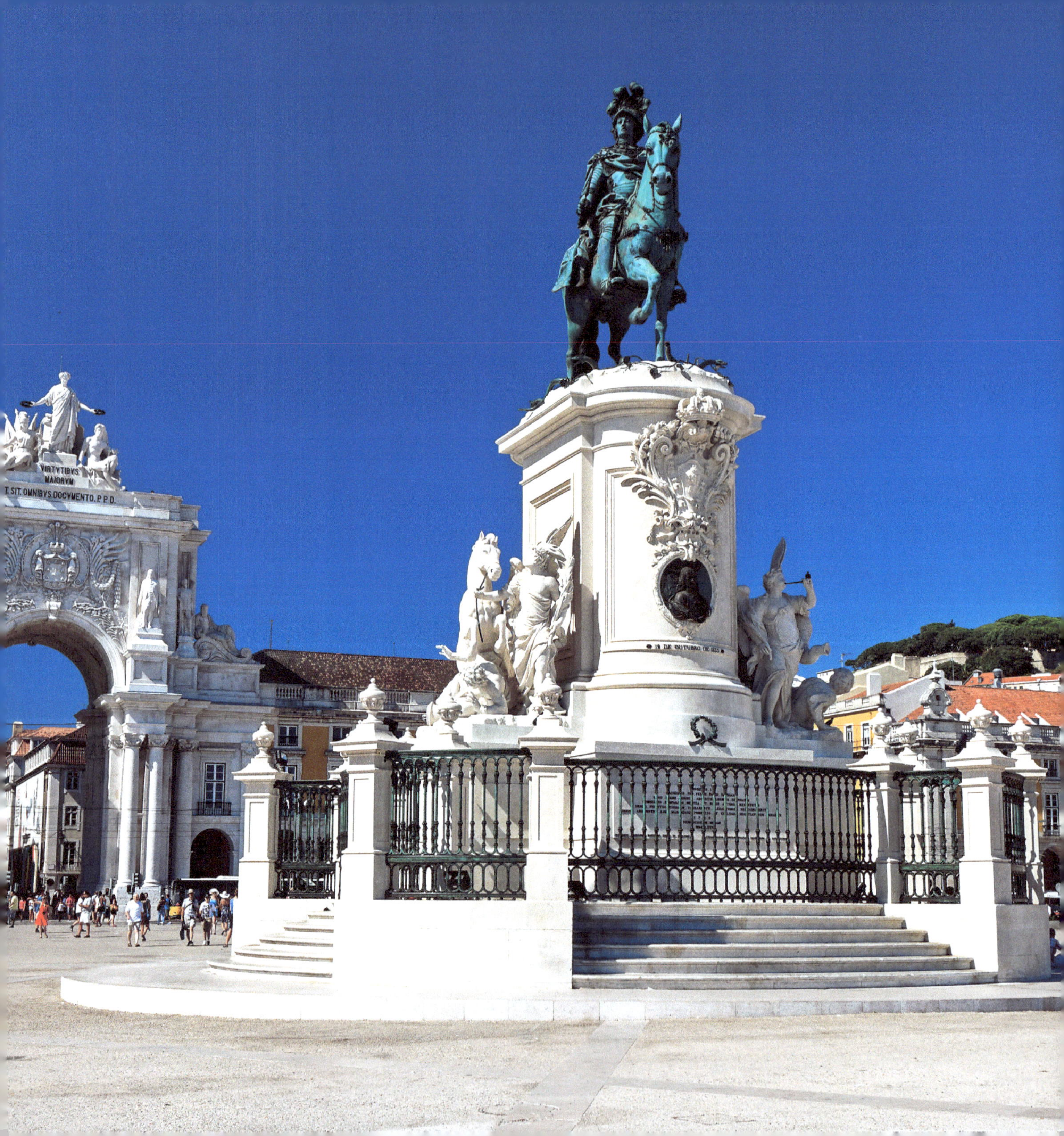
VIRTVTIBVS
MAIORVM
T SIT OMNIBVS DOCVMENTO. P.P.D.

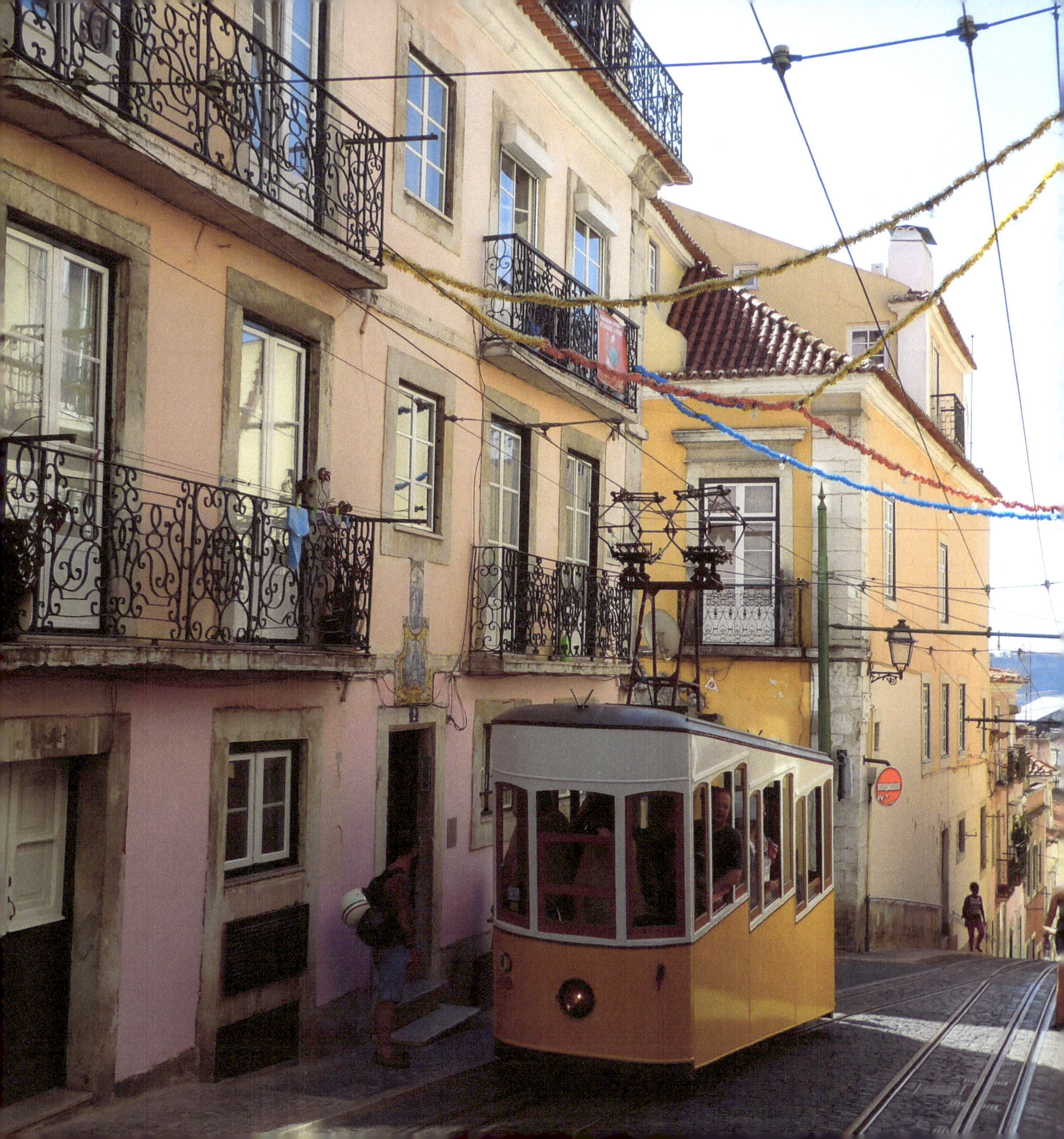

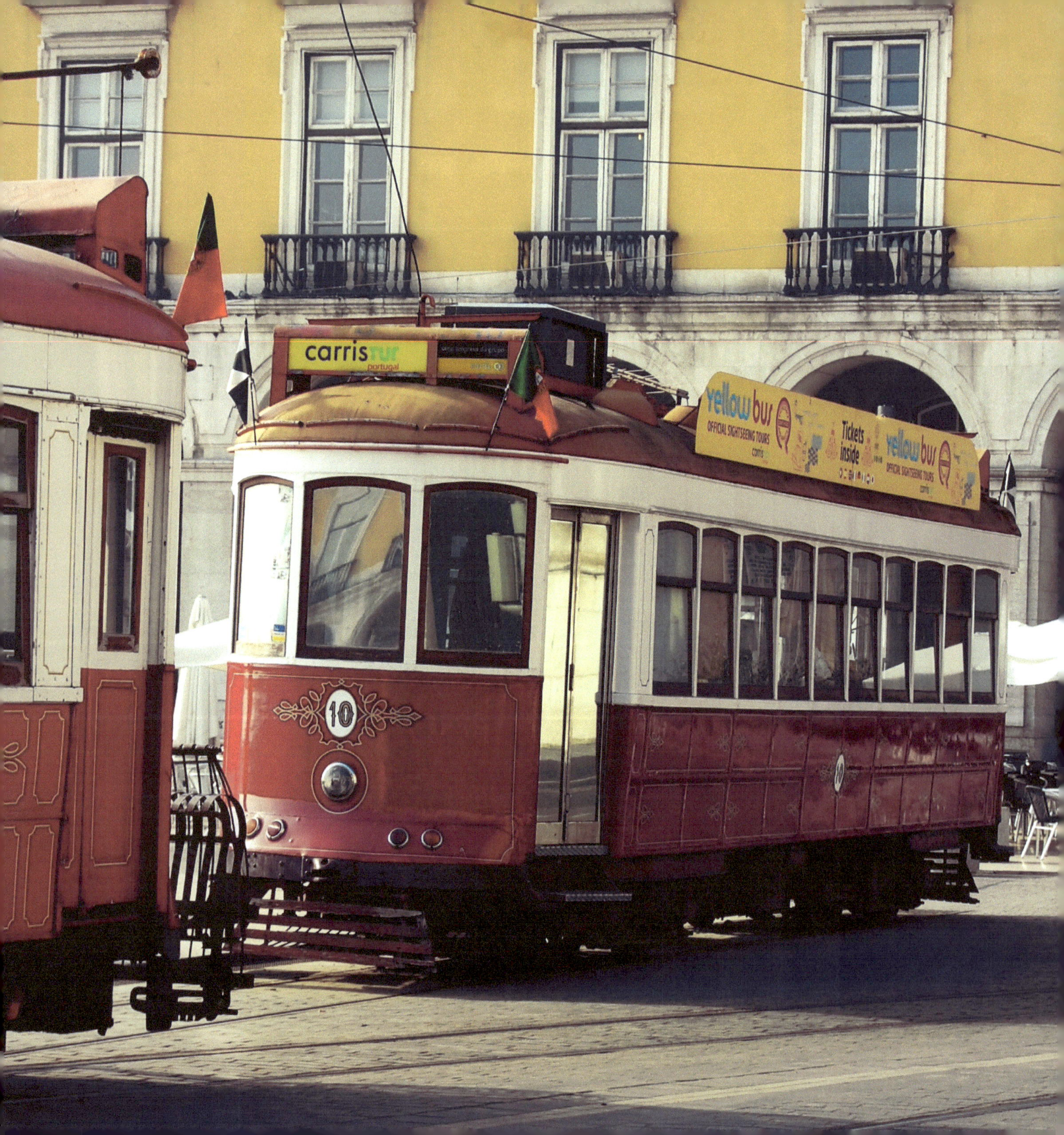

carristur
portugal
yellow bus
OFFICIAL SIGHTSEEING TOURS
Tickets inside
10

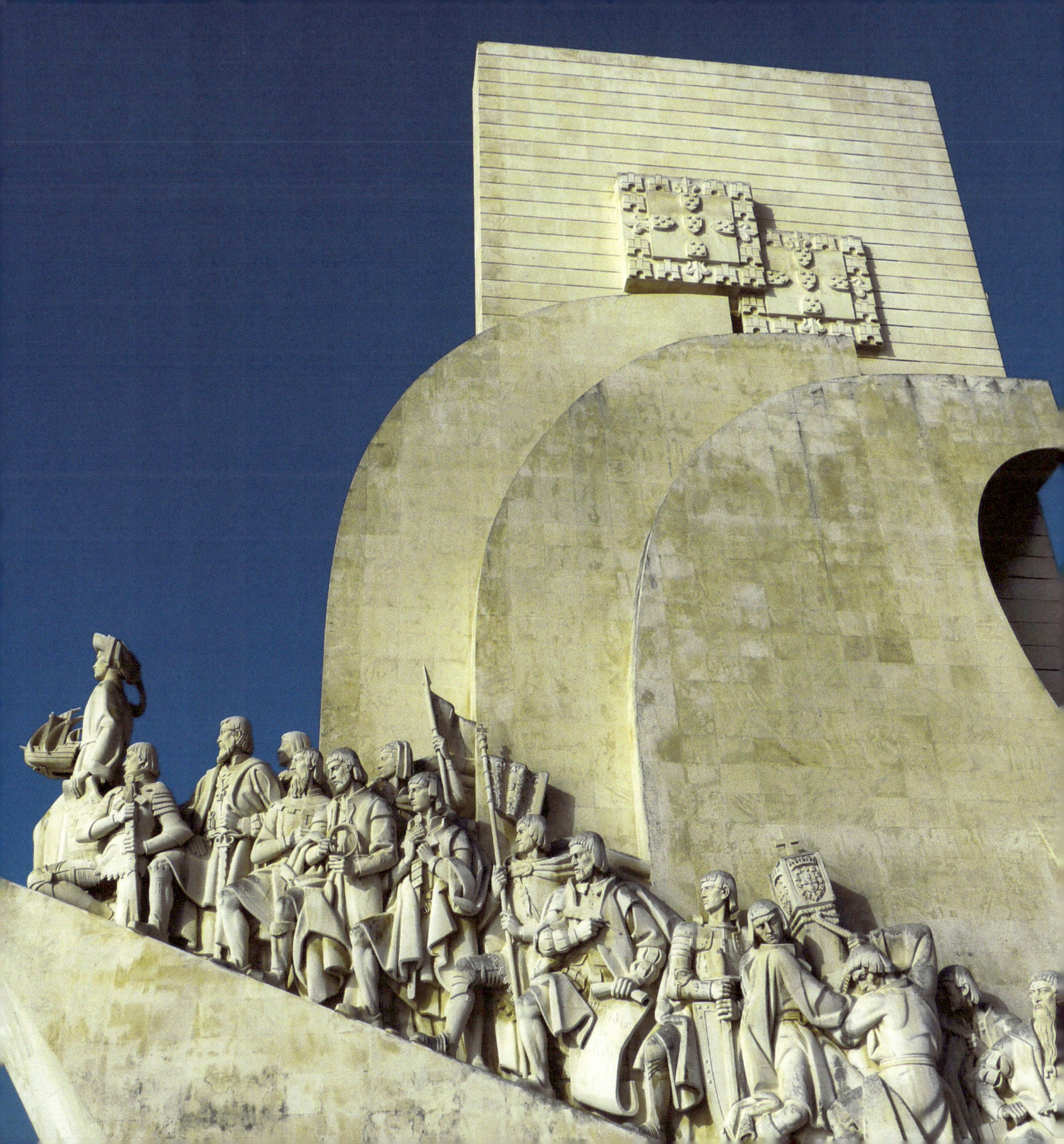

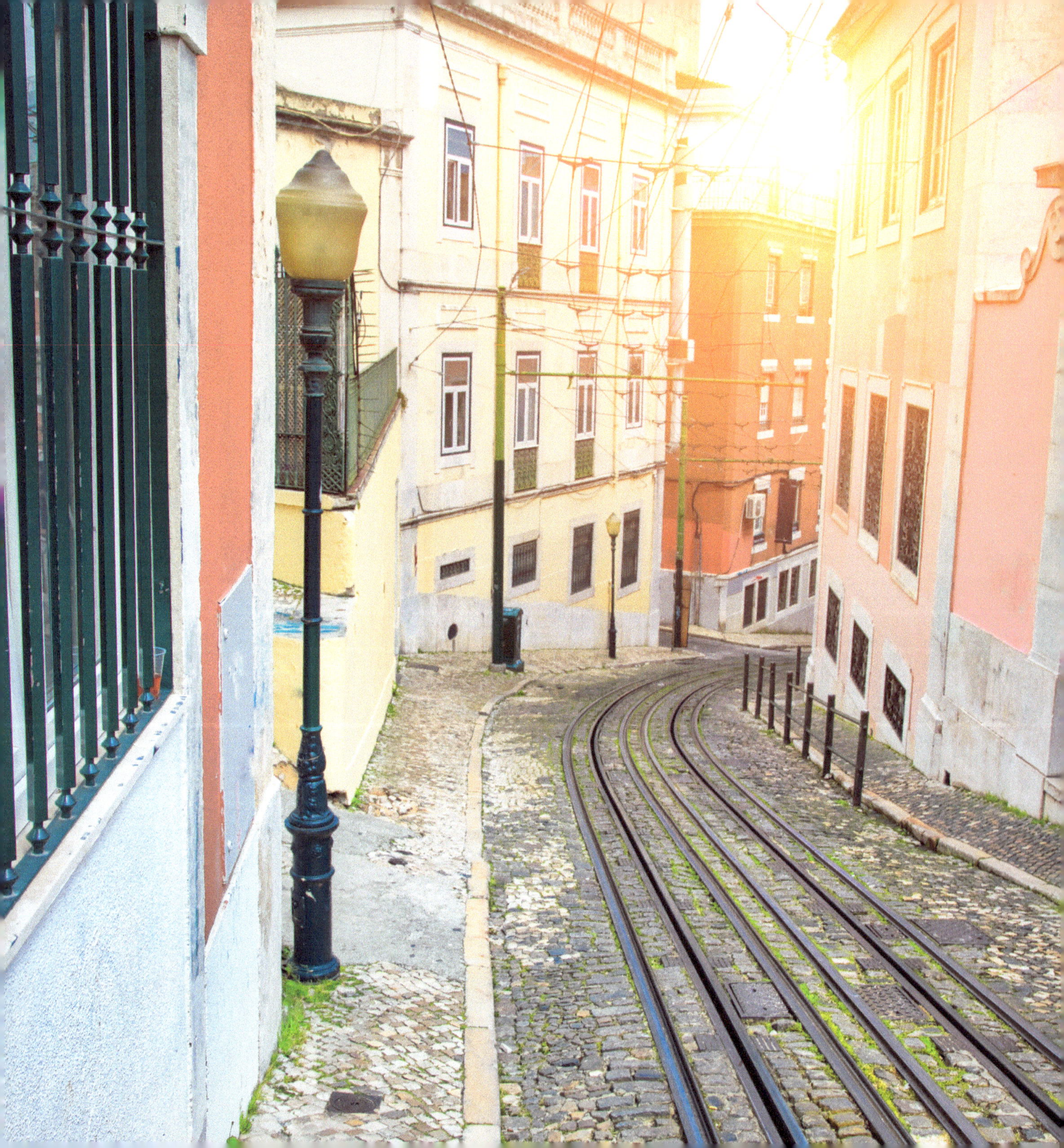

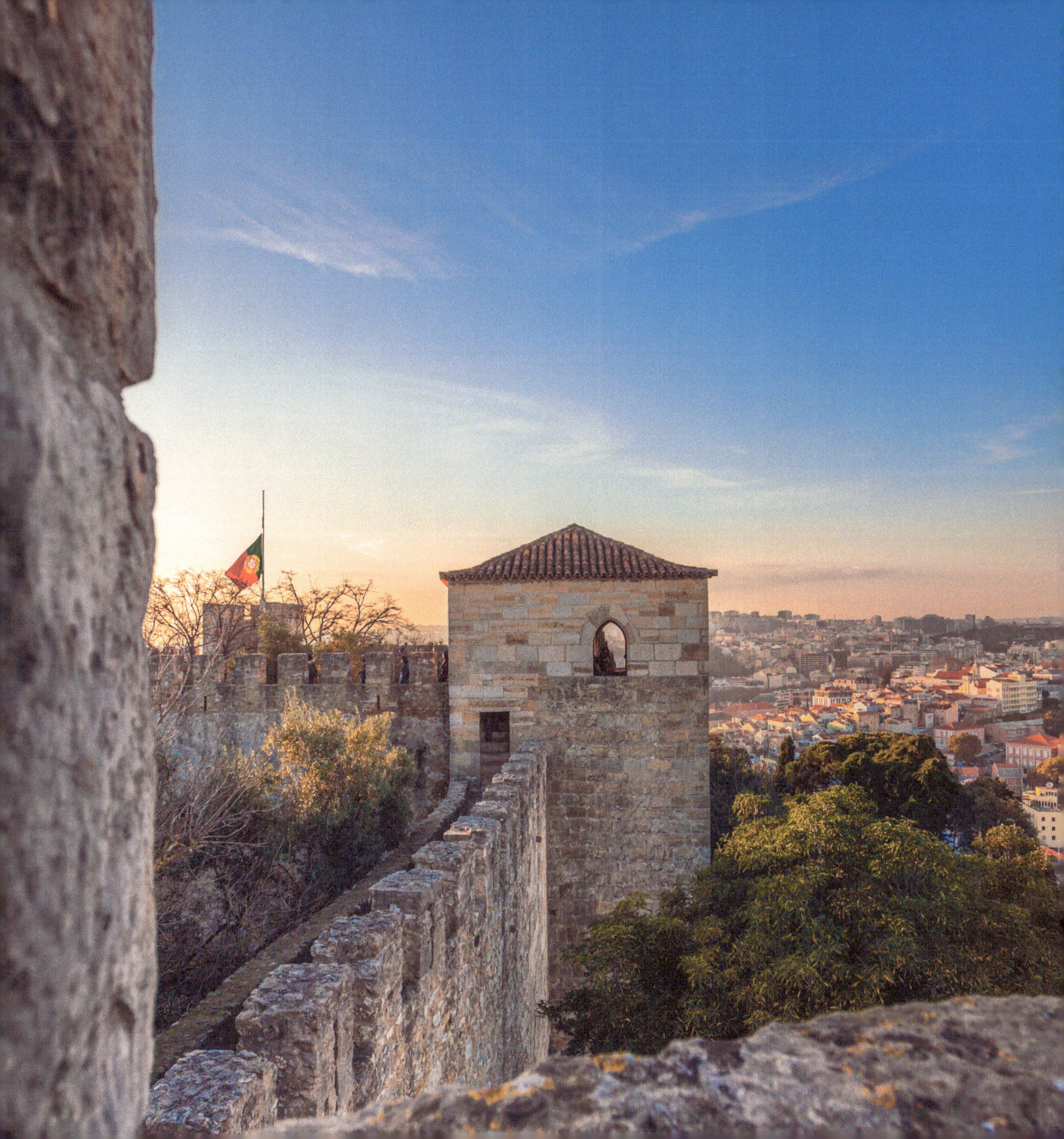

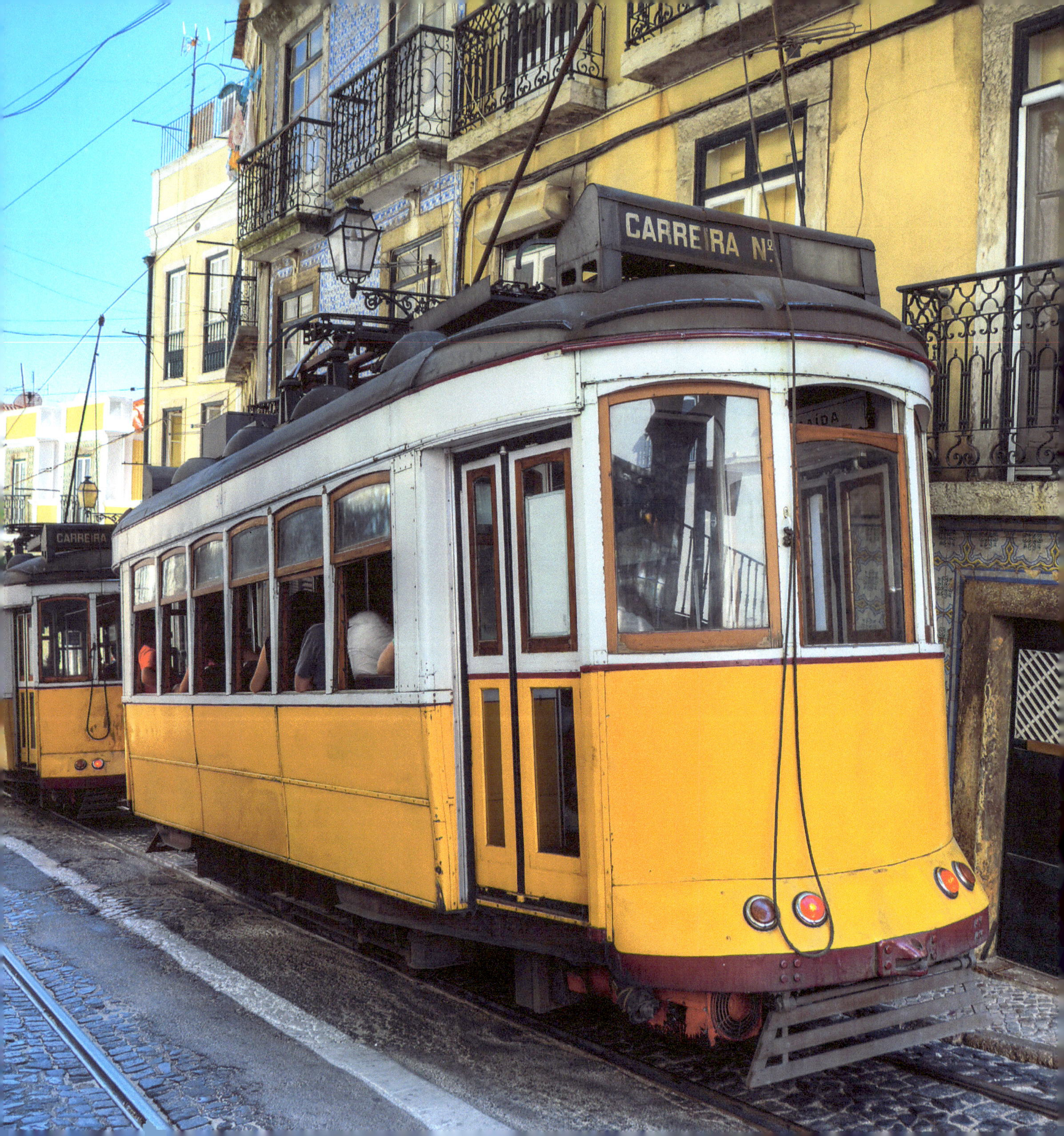
CARREIRA Nº
CARREIRA

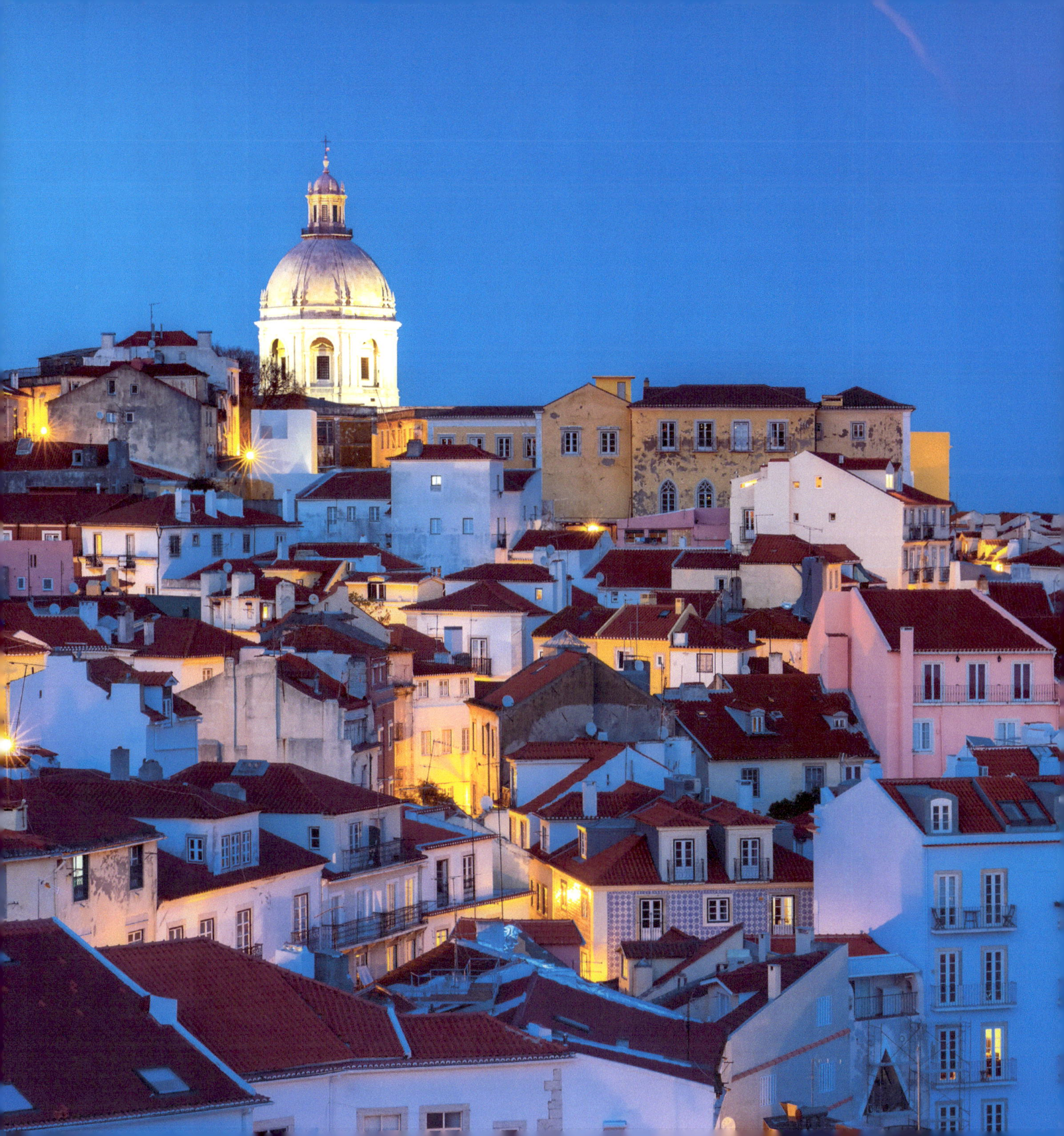

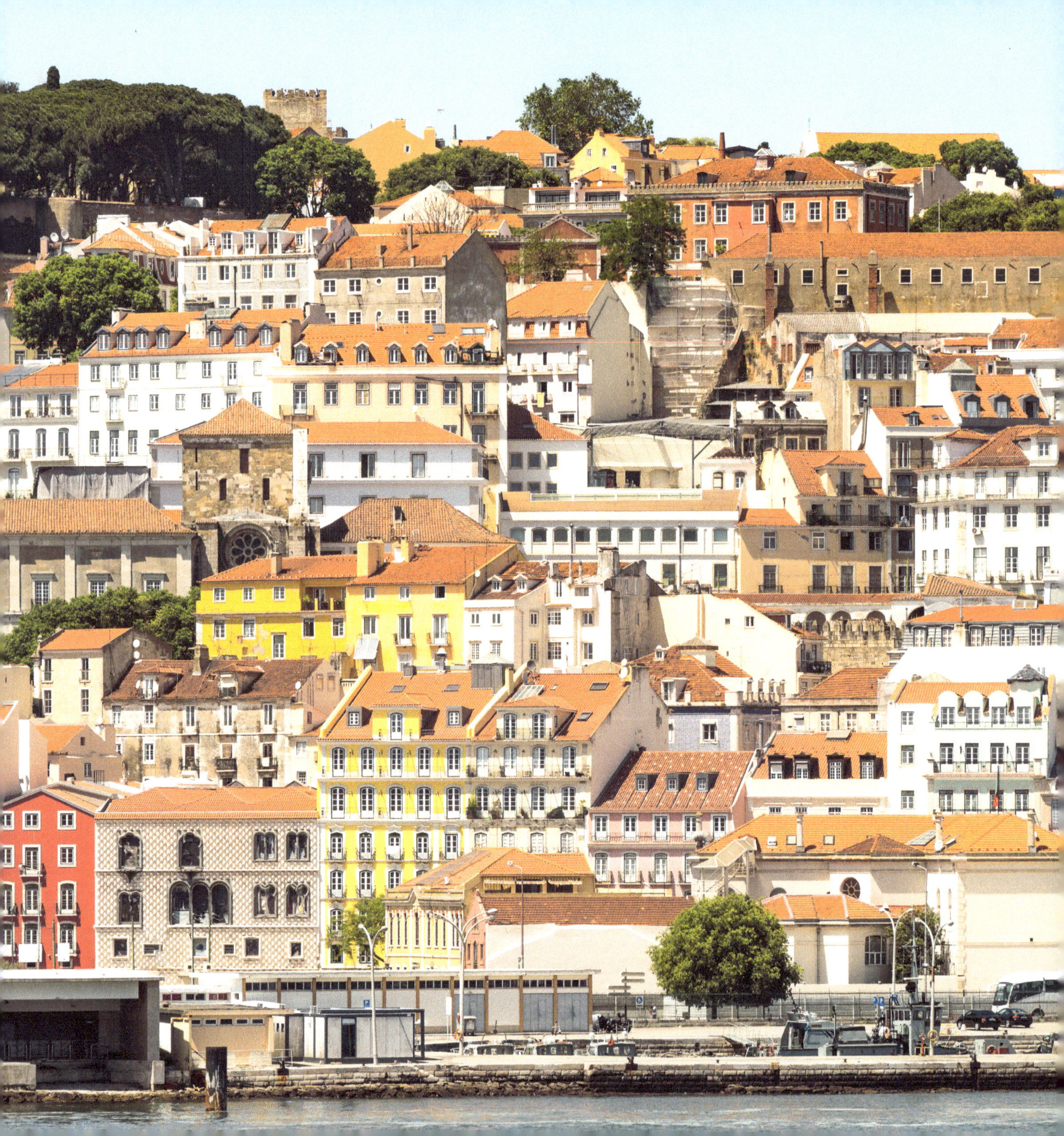

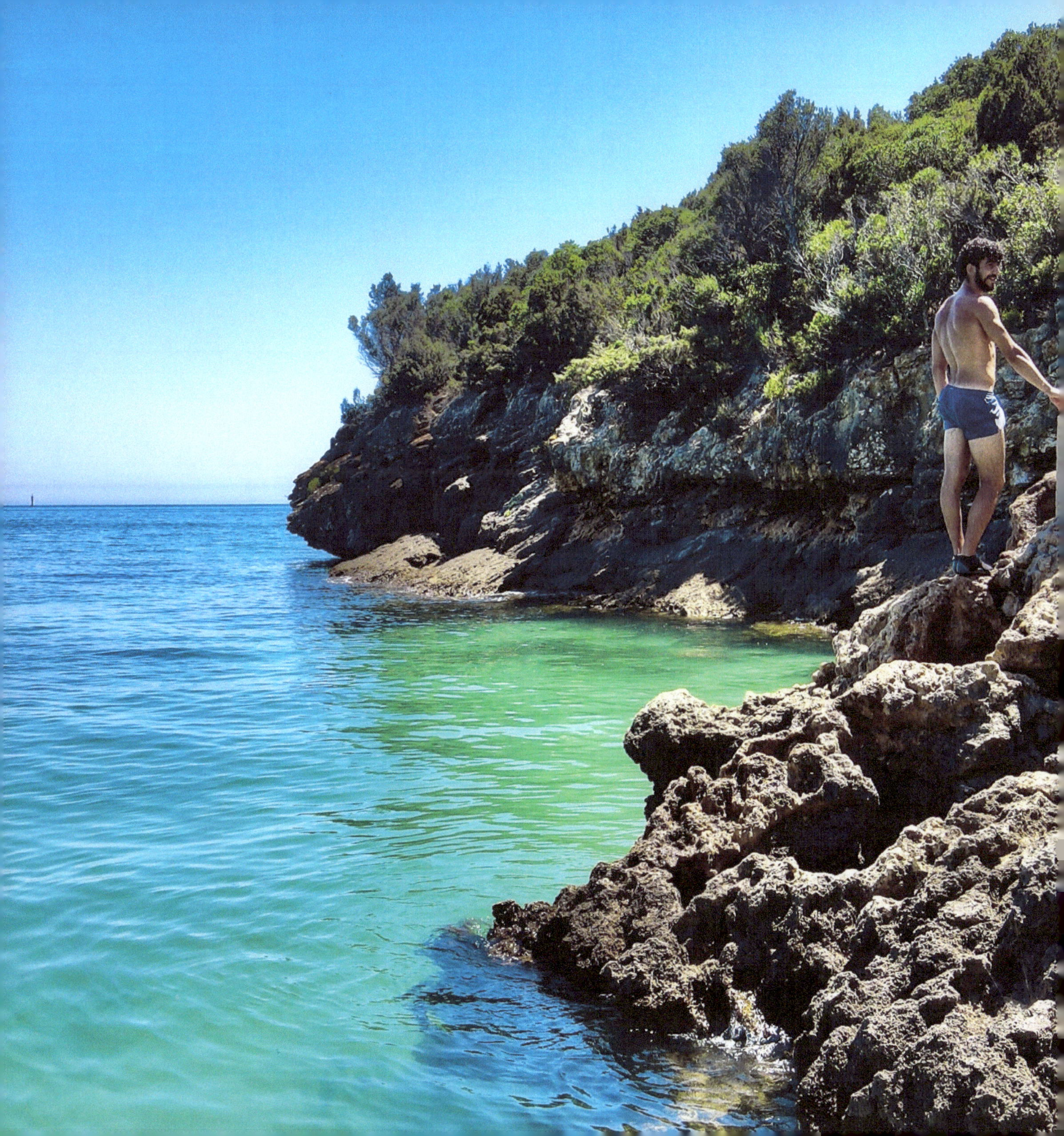

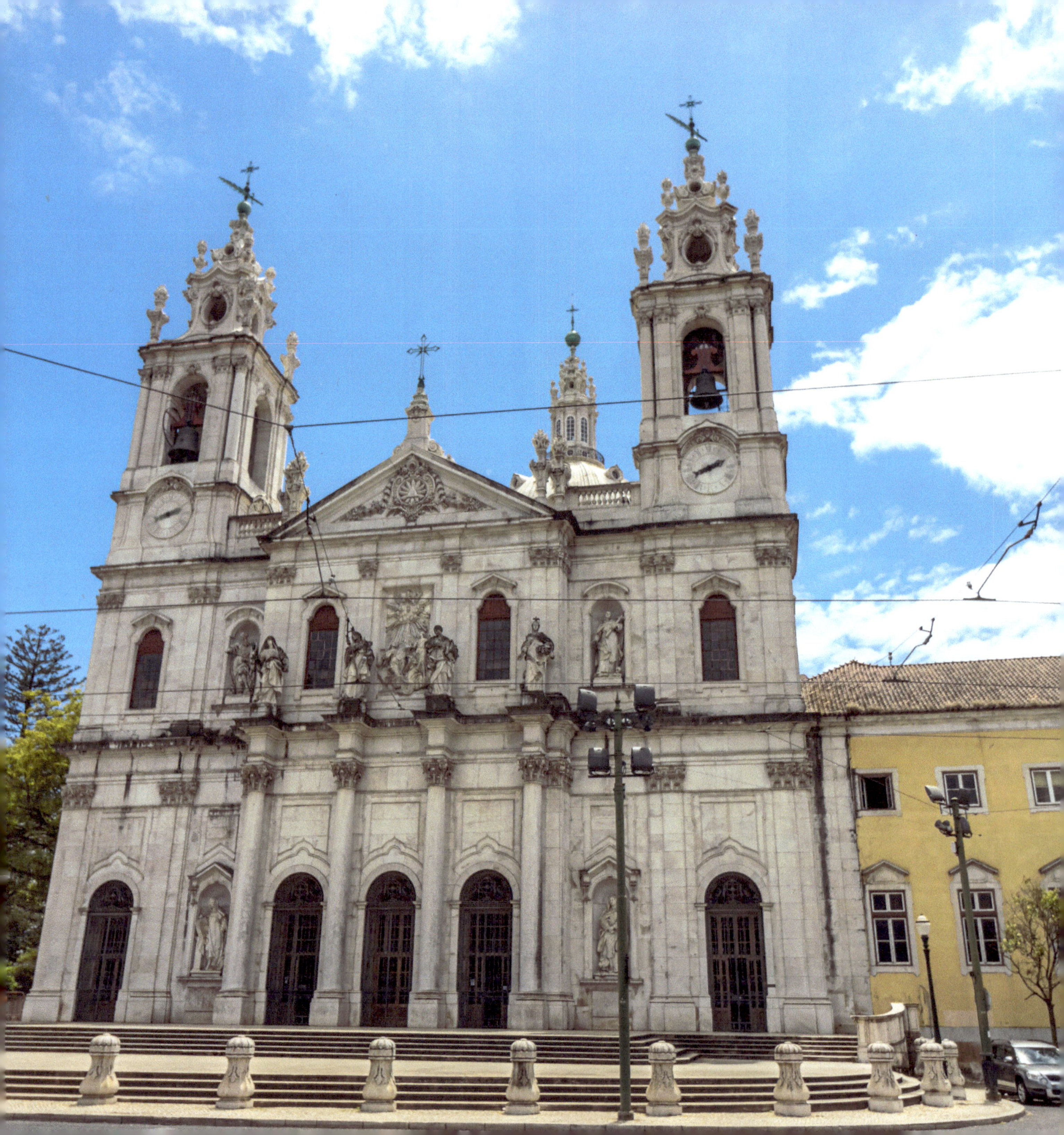

www.ingramcontent.com/pod-product-compliance
Lightning Source LLC
Chambersburg PA
CBHW040417220526
45473CB00004B/1273
* 9 7 9 8 4 2 3 2 6 4 4 9 9 *